DEBORAH SMITH PEGUES
CONSTRUA
PONTES

**COMO SER LIVRE DE OFENSAS
E RESOLVER CONFLITOS INTERPESSOAIS**

Atos

Pegues, Deborah Smith
  Construa pontes – como ser livre de ofensas e resolver conflitos interpessoais / Deborah Smith Pegues [tradução de Thayse Mota]. Curitiba, PR : Editora Atos, 2023.
  14 cm x 21 cm – 200 p.
  Título original: *Confronting without offending*
  ISBN: 978-65-998706-0-6

  1. Valores, princípios.   I. Título.

                                                        CDD: 200.1

Copyright© by Deborah Smith Pegues
Copyright©2023 por Editora Atos
Todos os direitos reservados

Coordenação editorial
Manoel Menezes

Capa
Rafael Brum

Primeira edição
2023

Nenhuma parte deste livro pode ser reproduzida, arquivada ou transmitida por qualquer meio – eletrônico, mecânico, fotocópias, etc. – sem a devida permissão dos editores, podendo ser usada apenas para citações breves.

Publicado com a devida autorização e com todos os direitos reservados pela EDITORA ATOS LTDA.

www.editoraatos.com.br

Dedico este livro à memória do Dr. H. Marvin Smith e sua esposa, Dra. Juanita Smith, ex-pastores da West Adams Foursquare Church em Los Angeles, Califórnia.

Como meus mentores e motivadores espirituais, eles foram modelos de generosidade, fé, perdão e amor. Agradeço eternamente a Deus pelo privilégio de ter estado sob seu ministério e de ter testemunhado diretamente esses verdadeiros santos.

Comentários sobre
Confrontar Sem Ofender

"Agradeço o lembrete de que é possível confrontar alguém sem ofender. Deborah Pegues trata esse tema com uma autoridade que é resultado de muito estudo e pesquisa. Ao mesmo tempo, este livro é claro, fácil de entender e prático."

BISPO CHARLES E. BLAKE,
Bispo Presidente das
Igrejas Internacionais de Deus em Cristo

"Vivenciamos conflitos em nossas vidas, mas poucos de nós sabem como lidar com eles. Alguns de nós tentam controlar as situações com explosões de raiva, e outros ignoram os problemas esperando que eles desapareçam. Deborah Pegues nos mostra como gerenciar conflitos de forma prática sem ofender os outros. Todos nós precisamos deste livro!"

FLORENCE LITTAUER,
Conferencista Internacional e
Autora de *Personality Plus*

Agradecimentos

Agradeço a toda minha família e amigos por suas orações, histórias de conflito e sugestões que tornaram possível a escrita deste livro. Agradeço especialmente a Harold e Ruth Kelley, que me encorajaram e me ofereceram seu refúgio nas montanhas para criar um ambiente perfeito para escrever.

Também quero agradecer ao Pastor Edward Smith da *Zoe Christian Fellowship* em Whittier, Califórnia, por seu encorajamento e compromisso em ensinar os princípios bíblicos de gerenciamento de conflitos, e por usar a versão anterior deste livro como fonte para isso.

Sou eternamente grata ao meu marido, Darnell Pegues, cujo apoio técnico, emocional e espiritual foi fundamental para a conclusão desta obra.

Sumário

Agradecimentos 5

Parte 1
Confronto: A Ponte em Direção à Harmonia 9
1. O Objetivo do Confronto 11
2. Ordenados a Confrontar 21

Parte 2
Confronto Bíblico e Estilos de Gerenciamento de Conflitos 29
3. O Ditador: "Faça Do Meu Jeito" 31
4. O Acomodado: "Faça Do Seu Jeito". 39
5. O Abdicador: "Vou Sair Daqui". 57
6. O Colaborador: "Vamos Encontrar Um Jeito". 67

Parte 3
Estratégias Para Um Confronto Efetivo 75
7. Preparar-se Para O Confronto 77
8. Assumir o Problema 81
9. Falar as Palavras Certas 87
10. Escutar 103
11. Negociar o Comportamento Futuro 113
12. Libertar o Ofensor 123

Parte 4
Confronto e Temperamentos de Personalidade........143
13. O Perfil de Personalidade P.A.C.E...............145
14. Entendendo os Temperamentos.................151

Parte 5..167
Diretrizes de Confronto para Situações Específicas....167
15. Interações Familiares........................169
16. Interações Comerciais........................175
17. Interações Sociais ou de Outro Tipo.............181

Epílogo..193

Apêndice 1......................................195
Resumo Comportamental do Perfil de Personalidade P.A.C.E.

Apêndice 2......................................198
Índice de Conflitos Bíblicos

Parte 1

Confronto: A Ponte em Direção à Harmonia

1
O Objetivo do Confronto

Eu tinha tudo planejado. Não era grande coisa, mas eu sabia que meu marido, Darnell, ficaria agradavelmente surpreso ao ver como eu havia melhorado seu espaço de trabalho em nosso escritório. Ele vinha falando há algum tempo sobre quão ineficiente era.

Não era o momento ideal para descuidar do meu cronograma de redação, já que meu manuscrito deveria ser entregue em alguns dias. Mas eu havia percorrido toda a cidade de Los Angeles, na hora do rush, para buscar um pedaço de vidro personalizado que completaria o projeto. Liguei para o escritório dele e para o celular dele várias vezes para saber quanto tempo eu tinha para completar a surpresa. Ele não retornou minhas ligações. Isso foi um pouco estranho. Ele sempre liga de volta em poucos minutos, a menos que esteja em uma reunião.

Resolvi ligar para o celular dele quando tinha certeza de que ele estaria a caminho de casa. Continuei sem resposta.

Comecei a me preocupar. *Houve um acidente? Ele está bem?* Depois do que pareceu uma eternidade, ouvi seu carro entrar na garagem. Quando olhei, pude ver que ele estava falando no celular. Ele continuou falando por 45 minutos enquanto permanecia no carro.

Agora eu estava ficando com raiva! Minha imaginação estava correndo solta. *Por que ele não entra e liga para essa pessoa do telefone de casa?* (Afinal, o sinal é muito ruim em nossa área). *Ele não quer que eu saiba com quem está falando? Por que ele não me ligou de volta nessas duas horas?* Ele não tinha a menor ideia de que estava encrencado.

Finalmente, ele entrou em casa e explicou que estava conversando com uma parente próxima que estava passando por uma série de problemas angustiantes e que havia aconselhado e orado com ela. Sim, ele viu minhas ligações aparecerem em seu telefone, mas não encontrou um momento oportuno para interromper a conversa.

Embora eu estivesse familiarizada e solidária com a situação, ainda estava chateada. Ele conscientemente colocou as necessidades de outra pessoa acima das minhas. Isso simplesmente não acontece em nossa casa. Quase trinta anos de casamento garantem (pela graça de Deus) que somos prioridade um para o outro. Ensinar os casais a colocar seus cônjuges em primeiro lugar – depois de Deus, é claro – é algo sobre o qual sempre conversamos com os outros.

"Eu deveria ser sua prioridade, e poderia estar precisando de ajuda em algum lugar", eu disse, tentando esconder minha raiva e tentando usar os princípios de gerenciamento de conflitos que venho ensinando há trinta anos. Além disso, eu havia planejado a noite reservando tempo suficiente apenas para vê-lo se surpreender com as mudanças no escritório, ouvir como foi o dia dele e contar a ele sobre o meu, e depois voltar a escrever. Agora, eu estava mais de uma hora atrasada em meus planos! Ele se desculpou várias vezes, e ficou perplexo por eu não estar orgulhosa por ele ter passado tanto tempo ministrando a alguém.

I. O Objetivo do Confronto

Na manhã seguinte, quando demos as mãos para começar nossa oração de concordância diária, orei: "Senhor, ajuda-me a libertar Darnell de sua ofensa e não deixe a amargura se enraizar em mim". Quando terminamos de orar, eu disse: "Ainda estava chateada com o incidente de ontem. Eu só queria trazer à tona toda a estratégia que Satanás usou para semear discórdia em nosso casamento".

Após esta confissão, senti que a harmonia havia sido restaurada. Apesar de sua agenda lotada, ele ligou várias vezes naquele dia para me mostrar que eu era definitivamente sua prioridade. Isso virou a piada do dia.

Toda ofensa tem o potencial de causar uma ruptura permanente em um relacionamento.

Mas os conflitos não são motivo de riso. Talvez você já tenha fantasiado sobre um ambiente em que seus relacionamentos fluam em completa harmonia: totalmente livre de ofensas e conflitos interpessoais. Acorde! Você está sonhando. É hora de encarar a realidade. Problemas e conflitos são um fato da vida.

Deus não nos criou para sermos cópias uns dos outros. Portanto, em qualquer relacionamento – seja ele pessoal, profissional, social ou espiritual – surgirão questões espinhosas. Jesus disse aos Seus discípulos: "É impossível que não venham escândalos" (Lucas 17.1). Se você se deixar levar por uma ofensa, seu relacionamento com o ofensor nunca mais será o mesmo. John Bevere, em seu livro *A Isca de Satanás*, diz: "Não importa qual seja o cenário, podemos dividir todos os ofensores em duas categorias principais: 1) aqueles que foram injustiçados ou 2) aqueles que *acreditam* que foram injustiçados"[1].

---

1   John Bevere, *A Isca de Satanás* (Lake Mary, FL: Charisma House, 1997), 3.

Toda ofensa tem o potencial de causar uma ruptura permanente em um relacionamento.

Um dos significados no grego para "*ofender*" é "enganar". Uma ofensa é uma armadilha de Satanás para privá-lo de relacionamentos significativos e produtivos. Quando as ofensas vêm, alguém deve agir para fechar essa fenda. Acredito, de acordo com as Escrituras, que isso é feito por meio de um *confronto efetivo*. É por isso que estou escrevendo este livro: para dar orientação sobre como confrontar de forma eficaz.

A maioria das pessoas evitam e relutam em ter qualquer tipo de confronto. Aqueles que confrontam muitas vezes o fazem de forma ineficaz. Laree Kiely, professora de comunicação empresarial da *University of Southern California Business School*, diz: "O problema é que as pessoas nunca aprenderam a se comunicar diretamente sem prejudicar seus relacionamentos, ou a negociar seus relacionamentos de forma que ambas as partes têm a oportunidade de mudar ou de continuar exatamente do jeito que estão".

Nos capítulos seguintes, mostrarei como usar o confronto cara a cara para construir uma ponte entre conflito e cooperação, entre discórdia e harmonia. Muitos o evitam, mas o confronto pode ser uma ferramenta poderosa para o crescimento pessoal e a melhoria do relacionamento, quando usado corretamente.

Muitos livros foram escritos sobre trabalho em equipe e cooperação; no entanto, a maioria de nós não entende realmente o poder da união, de uma perspectiva espiritual. As Escrituras declaram que Deus literalmente ordena a bênção onde há união:

> *Oh!* Quão bom e suave é
> Que os irmãos vivam em união...

I. O Objetivo do Confronto

> Porque ali o Senhor ordena a bênção
> E a vida para sempre. (Salmos 133.1,3)

A tentativa de construir a Torre de Babel foi uma demonstração vívida do poder da união. Após o dilúvio, Deus ordenou aos descendentes de Noé que repovoassem a Terra. Em vez de se dispersarem pela Terra de acordo com Seu mandato, eles decidiram construir uma cidade e permanecer em um só lugar. Eles também decidiram construir um arranha-céu que serviria de memorial para eles mesmos. Eles estavam unidos em seu objetivo, mas Deus obviamente estava descontente com o projeto. Vendo o poder e a produtividade de um esforço tão unido, Deus sabia que o céu era literalmente o limite para qualquer coisa que eles se propusessem a fazer. Ele teve que impedir o progresso deles.

> Então desceu o Senhor para ver a cidade e a torre que os filhos dos homens edificavam. E disse: 'Eis que o povo é um, e todos têm uma mesma língua. Isto é o que começam a fazer, e agora não haverá restrição para tudo o que eles intentarem fazer. Eia, desçamos e confundamos ali sua língua para que não entenda um a língua do outro'. Assim, o Senhor os espalhou dali sobre a face da terra, e cessaram de edificar a cidade. Por isso, foi chamada de Babel, porque ali o Senhor confundiu a língua de toda a terra. Dali o Senhor os espalhou sobre a face de toda a terra.
> (Gênesis 11.5-9)

Sim, Deus ficou impressionado com a união deles na construção da torre, embora seu propósito fosse contrário à Sua vontade.

Uma vez que os construtores não puderam mais se comunicar, eles não puderam continuar a construção. A lição é bastante óbvia: se você não pode se comunicar, você não pode construir...

nada. Você não pode construir um casamento, não pode construir uma igreja, não pode construir um negócio. A comunicação eficaz é a base de todos os empreendimentos humanos. Portanto, você deve ser diligente para manter a porta da comunicação aberta mesmo diante de conflitos. O apóstolo Paulo nos advertiu a "procurarmos guardar a unidade do Espírito pelo vínculo da paz" (Efésios 4.3). Ele também nos admoestou: "Se for possível, quanto estiver em vós, tende paz com todos os homens" (Romanos 12.18).

O desafio é claro. Cada um de nós deve fazer com que a harmonia com os nossos semelhantes seja nossa prioridade e responsabilidade pessoal. Harmonia não é apenas criar um ambiente agradável; ela produz sinergia. A melhor maneira de explicar a sinergia é dizer que uma mão é muito mais eficiente do que cinco dedos trabalhando independentemente. Eu testei essa teoria usando halteres. Eu queria determinar qual era o peso máximo que meus dedos podiam levantar de forma independente. Um quilo era o limite. Então testei minha capacidade com todos os dedos trabalhando juntos. Achei que se cada dedo levantasse um quilo, todos juntos levantariam no máximo cinco quilos. Não foi assim. Eu levantei dezesseis quilos!

Deuteronômio 32.30 se refere a esse tipo de sinergia quando diz que um pode perseguir mil, e dois podem fazer fugir dez mil. Pela lógica, se um pode atingir mil, dois devem atingir dois mil. Mas aí está o resultado da união: somos dez vezes mais eficazes quando nos unimos. Não é de admirar que Satanás tente por todos os meios desfazer essa harmonia. Ele sabe que nossa união impedirá seu progresso.

Confrontar versus Retaliar

A palavra *confronto*, como a palavra *dieta*, ganhou uma má reputação. A maioria de nós associa dieta com perda de peso, fome e abandono de nossas comidas favoritas. No entanto, uma dieta é simplesmente qualquer plano de alimentação. Algumas dietas são projetadas para ganho de peso, limpeza da pele e uma série de outros objetivos positivos. São todas dietas. E assim é com o confronto. Para começar a mudar sua mentalidade sobre o confronto e abraçar os conceitos que você encontrará nos capítulos subsequentes, você deve abandonar quaisquer ideias negativas e preconcebidas sobre o confronto e se concentrar na verdadeira definição da palavra. O prefixo *con* significa "junto" ou "com", e a raiz *fron* significa "face; levantar-se ou se encontrar frente a frente". O confronto é simplesmente *o ato de se reunir frente a frente para resolver um problema.*

> *O confronto é piedoso e ordenado pelo Senhor.*
> *A retaliação é ímpia e, portanto, proibida.*

Muitas pessoas querem saber como meu ensino sobre confronto pode ser conciliado com o ensinamento de Jesus sobre dar a outra face. O Senhor estava admoestando Seus discípulos a resistir ao impulso de retaliar quando Ele disse: "Ao que te ferir numa face, oferece-lhe também a outra" (Lucas 6.29). Há uma grande diferença entre confronto e retaliação. Retaliar é "retribuir a punição". O Senhor quer que estejamos tão comprometidos em não vingar um erro, que ofereçamos a outra face.

Suponha que você e a pessoa com quem está tendo um conflito estão sentados em uma sala de conferências e o pé dela está continuamente chutando você por baixo da mesa. Ela acha que está batendo na mesa e não tem ideia de que está lhe causando desconforto ou irritação. Retaliação seria chutá-la de volta; confronto seria dizer: "Talvez você não tenha percebido, mas está chutando minha perna".

O confronto é piedoso e ordenado pelo Senhor. A retaliação é ímpia e, portanto, proibida. Jesus admoestou: "Olhai por vós mesmos. Se teu irmão pecar contra ti, repreende-o, e, se ele se arrepender, perdoa-lhe" (Lucas 17.3). No contexto deste versículo, repreender significa simplesmente dizer-lhe para parar. Jesus não amenizou o tom aqui; suas palavras são claras e inequívocas. Ele quer que lidemos com os problemas de relacionamento por meio de um confronto eficaz.

"Confronto Sem Retaliação" – Davi versus Saul

Davi tinha todos os motivos para querer retaliar o rei Saul. Desde que Davi havia matado Golias, o rei inseguro o perseguiu como se fosse um fugitivo da justiça. O problema era que o povo havia literalmente cantado louvores a Davi por derrotar o gigante, dando a ele crédito por matar dezenas de milhares, enquanto atribuiu apenas milhares a Saul. Saul presumiu que o próximo passo de Davi seria tomar seu trono, e a única maneira de detê-lo era matá-lo. David foi forçado a fugir para salvar sua vida.

Acompanhado por um grupo de homens corajosos, Davi se escondeu em cavernas e outros lugares de refúgio. Uma noite, enquanto perseguia avidamente Davi, Saul entrou em uma caverna para se aliviar. Como o destino quis, Davi e seus homens estavam mais adentro na caverna e não eram podiam ser vistos devido à escuridão. Davi aproximou-se despercebido e cortou um pedaço do manto do rei. Os homens de Davi o incitaram a matar seu inimigo, mas ele recusou e não permitiu que seus homens atacassem Saul. Sua consciência o incomodava por até mesmo ter cortado a ponta do manto. Davi perdeu uma excelente oportunidade de se vingar da perseguição implacável do rei Saul. Embora resistisse à tentação de *retaliar*, ele escolheu *confrontá-lo*.

Depois também Davi se levantou, saiu da caverna e gritou por trás de Saul: 'Ei, meu senhor!' Quando Saul olhou para trás, Davi se inclinou com o rosto em terra e o reverenciou. Disse Davi a Saul: 'Por que dás tu ouvidos às palavras dos homens que dizem: Davi procura o teu mal? Eis que este dia os teus olhos viram que o Senhor *te entregou nas minhas mãos nesta caverna; alguns disseram que te matasse, porém minha mão te poupou, porque eu disse: Não estenderei a mão contra o meu senhor, pois é o ungido do* Senhor. *Olha, meu pai, aqui está a orla do teu manto na minha mão; porque, cortando a orla do manto, não te matei. Reconhece, pois, e vê que não há na minha mão nem mal nem prevaricação nenhuma, e não pequei contra ti; porém, tu andas em meu encalço, para me tirares a vida. Julgue o* Senhor *entre mim e ti e vingue-me o* Senhor *de ti; porém, minha mão não será contra ti. Dos ímpios procede a impiedade, diz o provérbio dos antigos. Porém, minha mão não será contra ti'.*
(1 Samuel 24.8-12)

Dando-lhe o benefício da dúvida, Davi desejava sinceramente saber por que o rei Saul havia escolhido ouvir aqueles que diziam que ele queria prejudicá-lo. Francamente, não foram outros que inspiraram o rei a cometer suas terríveis ações, mas sim sua própria profunda insegurança (1 Samuel 18.6-9). Como um homem que age segundo o coração de Deus, Davi nunca perdeu o respeito pela posição de autoridade do rei.

Este é um bom exemplo para imitar se tivermos que confrontar alguém cuja autoridade é maior que a nossa, seja na igreja, no trabalho ou em casa. Devemos continuar a respeitar e honrar a posição da pessoa enquanto tentamos compreender e resolver o problema; mesmo quando aqueles ao nosso redor estão nos encorajando a fazer o contrário. Nunca devemos adotar uma atitude vingativa ou tomar medidas para retaliar um ofensor em um conflito interpessoal. O apóstolo Paulo nos lembra: "Não vingueis a vós mesmos, amados, mas dai lugar à ira, porque está escrito: 'Minha é a vingança; Eu recompensarei', diz o Senhor" (Romanos 12.19).

Seu Desafio

Se houver um conflito que você deve enfrentar, é importante que tenha clareza sobre o propósito ou o resultado desejado. Pense sobre qual é o verdadeiro objetivo ao enfrentar o problema. Você quer que alguém pare um comportamento negativo, comece um comportamento positivo, ou você quer fazer outras mudanças? Seja claro sobre o que planeja pedir.

2

Ordenados a Confrontar

Sempre que você se deparar com um conflito interpessoal ou uma situação em que o comportamento de alguém é destrutivo para si ou para os outros, deve tomar três decisões básicas:

- Confrontar ou não
- Quando confrontar.
- Como confrontar.

Talvez você esteja perguntando: "Devo confrontar todos os tipos de ofensas?" Absolutamente não! O livro de Provérbios nos aconselha:

> *O entendimento do homem retém sua ira, e sua glória é passar sobre a transgressão.* (Provérbios 19.11)

Em geral, seria sensato ignorar os desrespeitos, insultos e outros aborrecimentos insignificantes que são um fato da vida cotidiana. No entanto, não podemos ignorar um padrão de comportamento negativo. A maioria das pessoas escolherá evitar um confronto e, ao fazê-lo, criará problemas relacionais ainda maiores. Como sempre, a resposta para os problemas

da vida pode ser encontrada na Palavra de Deus. A Bíblia nos exorta a confrontar em três situações diferentes:
- Quando somos ofendidos.
- Quando ofendemos.
- Quando um irmão ou irmã se envolve em comportamento pecaminoso, autodestrutivo ou imprudente.

Em todos os três casos, somos ordenados a tomar a iniciativa de lidar com o problema. Vamos dar uma olhada em cada um deles e ver o que as Escrituras dizem sobre eles.

Quando Somos Ofendidos

Em Mateus 18.15 Jesus disse: "Ora, se teu irmão pecar contra ti, vai e repreende-o particularmente; se ele te ouvir, ganhaste teu irmão". Esta é uma advertência clara para confrontar o ofensor. Nos versículos seguintes, Jesus deu mais instruções para envolver outras pessoas se a parte ofensora não lhe der ouvidos. No entanto, neste livro, vamos nos concentrar em lidar apenas com confrontos pessoais e individuais.

A maioria dos cristãos acredita que é um sinal de humildade e santidade sofrer em silêncio e reprimir a raiva quando são prejudicados ou ofendidos. Reprimir a raiva ou a frustração é imprudente. Toda emoção reprimida, no final é expressa de alguma forma. Algumas pessoas comerão demais; outras podem recorrer ao álcool ou drogas; e outras podem se tornar consumidoras ou trabalhadores compulsivos para lidar com as frustrações de não confrontar.

A profissão médica tem muitos casos documentados de doenças enraizadas em ressentimento e falta de perdão. Certa vez, em um almoço com mulheres cristãs, sentei-me ao lado de uma que havia sofrido um derrame. Quando perguntei a ela o que levou a essa condição, ela disse que era porque nunca disse em voz alta as coisas que a incomodavam. Desde então, entrevistei muitas vítimas de derrame, e suas respostas foram quase idênticas: elas constantemente escondiam sua raiva e nunca falavam quando alguém as magoava ou ofendia.

Paulo nos adverte a estarmos alertas contra a amargura: "Tende cuidado para que ninguém se prive da graça de Deus e que nenhuma raiz de amargura, brotando, vos perturbe, e por ela muitos se contaminem" (Hebreus 12.15). O confronto eficaz é a melhor salvaguarda contra a amargura. Amargura é ressentimento acumulado; o ressentimento é uma raiva não resolvida que foi "reenviada" ou reprimida, em vez de ser colocada na mesa e tratada por meio de confronto eficaz. Para que algo crie raízes, tem que estar abaixo da superfície. Podemos evitar que a raiva se apodere de nós, não permitindo que ela permaneça abaixo da superfície.

Algumas pessoas ficam com raiva muito facilmente ou têm tanta ira e frustração reprimidas que explodem a menor provocação. Eu chamo isso de síndrome de "ferver e estourar". Obviamente que esse tipo de reação não resolve o problema; só piora.

A pessoa mais madura espiritualmente é sempre aquela que inicia a reconciliação.

Os cristãos que carregam essas emoções involuntariamente se tornam disfuncionais antes que percebam. Qualquer comportamento disfuncional em um cristão é uma armadilha de Satanás, para fazê-lo sentir-se frustrado de modo que não cumpra o propósito divino.

Quando Ofendemos

Quando percebemos que ofendemos outra pessoa, é nossa responsabilidade trabalhar ativamente para a reconciliação. Jesus disse: "Portanto, se trouxeres tua oferta ao altar, e aí te lembrares de que teu irmão tem alguma coisa contra ti, deixa ali diante do altar tua oferta, vai, reconcilia-te primeiro com o teu irmão e depois vem e apresenta tua oferta" (Mateus 5.23-24).

Quando sentimos que alguém começou a nos evitar ou sentimos que há tensão em nosso relacionamento, é hora de agir. Meu marido e eu muitas vezes nos desafiamos a agir de acordo com nossa crença de que a pessoa mais madura espiritualmente é aquela que sempre inicia a reconciliação. As pessoas espiritualmente ou emocionalmente imaturas esperam que os outros tentem estabelecer um relacionamento melhor com elas.

Quando Observamos o Comportamento Destrutivo de um Crente

Você pode se encontrar em uma situação em que precisa confrontar alguém não porque o comportamento dela está afetando você negativamente, mas porque esse comportamento está tendo um efeito indesejável sobre ela mesma ou sobre um grupo. O apóstolo Paulo admoestou as igrejas da Galácia: "Irmãos, se algum homem chegar a ser surpreendido em alguma ofensa, vós, que sois espirituais, corrigi-o com espírito de mansidão, olhando por ti mesmo, para que não sejas também tentado" (Gálatas 6.1).

Muitos fofocam quando veem um irmão ou irmã cometendo uma falta ou se envolvendo em comportamento ímpio.

Poucos as confrontam. Agora, entenda que a admoestação de Paulo é dirigida a alguém que tem um relacionamento com aquele que precisa ser confrontado. Esta passagem não é uma licença para cristãos legalistas forçarem novos convertidos ingênuos a cumprirem suas regras humanas. Tenho visto muitos que são novos em Cristo se afastarem da igreja porque alguma pessoa imprudente os confrontou sobre sua aparência externa. Por que não dedicar algum tempo primeiro para discipular esses recém-chegados na Palavra de Deus e ministrar primeiro às suas outras necessidades?

Ganhe o direito de ser ouvido. Se você se mostrar uma pessoa de apoio amoroso e sem julgamentos, outras admoestações e correções de novos convertidos podem não ser necessárias.

Independentemente da maturidade espiritual de uma pessoa, todos estão sujeitos a cair em pecado ou comportamento imprudente. Portanto, quando vemos um irmão ou irmã se desviando do caminho certo, é nossa obrigação cristã "corrigi-los". Ninguém vê com total clareza quando olha para si mesmo; todos nós temos momentos de cegueira. Às vezes é necessário que uma pessoa com uma visão objetiva e espiritual ilumine nossa cegueira.

Ao confrontar alguém sobre seu comportamento destrutivo, você pode esperar justificativas e atitude defensiva. Ninguém realmente gosta de lidar com suas falhas, fraquezas ou deficiências. É uma resposta natural tornar-se defensivo. A defensividade nos ajuda a nos proteger contra a dor da verdade. Espere por isso e não se desespere quando confrontar alguém sobre seu comportamento.

A defensividade ajuda a nos proteger contra a dor da verdade.

Jó disse: "Quão fortes são as palavras da boa razão!" (Jó 6.25). Muitos culparão os outros por suas ações ou tentarão justificá-las. Exemplos bíblicos disso incluem Eva ("A serpente me enganou", Gênesis 3.13); Arão ("Tu sabes que este povo é inclinado ao mal", Êxodo 32.22) e muitos outros. Nem todos responderão como o rei Davi fez quando o profeta Natã o confrontou sobre dormir com Bate-Seba e matar o marido dela. Ele disse: "Pequei contra o Senhor" (2 Samuel 12.13).

Conselho Rejeitado

Enviei muitos pacotes dos correios da nossa região, e alguns foram devolvidos, principalmente devido à postagem insuficiente, endereço incorreto ou rejeição pelo destinatário. Vejamos a aplicação de cada uma dessas razões referentes ao confronto.

A *postagem insuficiente* é não pagar ou não colocar dinheiro suficiente para enviar o pacote. Quando damos feedback sobre o comportamento de alguém – especialmente quando não é o local de trabalho – precisamos conquistar o direito de sermos ouvidos. Isso significa que temos que investir bastante na relação com a outra pessoa para que ela saiba que temos uma preocupação genuína com o seu bem-estar.

O *endereço incorreto* é não abordar a pessoa de maneira positiva. Usamos o tom errado, mostramos hostilidade, fazemos julgamentos ou adotamos qualquer outra abordagem que acaba afastando a pessoa.

A *rejeição pelo destinatário* ocorre quando uma pessoa não está pronta para receber conselhos, seja por motivos psicológicos ou porque não quer enfrentar a realidade neste período de sua vida. Quando recebemos o aviso de "devolução ao remetente", temos que entender que está fora de nosso alcance.

Fizemos nossa parte. Agora precisamos orar para que a outra pessoa seja receptiva à verdade e para que Deus envie alguém que ela ouça e preste atenção.

"Pare com Sua Hipocrisia!" – Paulo versus Pedro

Paulo, um dos últimos apóstolos de nosso Senhor, perseguiu e mandou matar muitos cristãos antes de se submeter ao chamado de Deus para sua vida. Pedro, por outro lado, teve um relacionamento íntimo com Jesus durante Seu tempo na Terra. Pedro foi um personagem importante na igreja primitiva.

Paulo observou que Pedro estava começando a ter um comportamento destrutivo para a igreja, então ele o confrontou.

> Chegando Pedro a Antioquia, lhe resisti na cara, porque era repreensível. Porque, antes que alguns tivessem chegado da parte de Tiago, comia com os gentios; mas, depois que chegaram, se retirou e se apartou deles, temendo os que eram da circuncisão. Os outros judeus também dissimularam com ele, de maneira que até Barnabé se deixou levar pela sua dissimulação. Mas, quando vi que não andavam bem e corretamente conforme a verdade do evangelho, disse a Pedro, na presença de todos: 'Se tu, sendo judeu, vives como os gentios, e não como judeu, por que obrigas os gentios a viverem como judeus?'
> (Gálatas 2.11-14)

Paulo sabia que muitos seguidores imitam seu líder. Portanto, um líder que anda no erro deve ser confrontado. Agora, alguns disseram que Paulo provavelmente tinha inveja de Pedro por causa de seu status como apóstolo genuíno, mas não era assim. Paulo simplesmente queria ver Pedro e os outros líderes andarem de acordo com a verdade do evangelho, que declarava que as leis judaicas não estavam mais em vigor. Agora não havia diferença entre judeus e gentios. Não havia necessidade de preferir um grupo em relação ao outro.

A oposição de Paulo a Pedro é um exemplo claro de um confronto literal, isto é, reunindo-se frente a frente. Visto que a ofensa de Pedro era pública, Paulo o repreendeu publicamente. Se as repreensões públicas fossem mais praticadas hoje, talvez tivéssemos menos casos de liderança ímpia.

Paulo nos admoestou a confrontar qualquer irmão ou irmã dominado por uma falha. Não devemos ser intimidados pela posição ou histórico de ninguém.

Seu Desafio

Como um lembrete de que você deve ser a pessoa que inicia um confronto saudável, seja você o *ofensor* ou o *ofendido*, escreva as passagens de Mateus 5.23-24 e 18.15 em um cartão e as memorize.

> Portanto, se trouxeres tua oferta ao altar, e aí te lembrares de que teu irmão tem alguma coisa contra ti, deixa ali diante do altar tua oferta, vai, reconcilia-te primeiro com o teu irmão e depois vem e apresenta tua oferta.
> (Mateus 5.23-24)
>
> Ora, se teu irmão pecar contra ti, vai e repreende-o particularmente; se ele te ouvir, ganhaste teu irmão.
> (Mateus 18.15)

Parte 2

Confronto Bíblico e Estilos de Gerenciamento de Conflitos

Todos usam um estilo ou uma combinação de estilos para lidar com vários problemas que surgem. Esses estilos variam desde o ditatorial "faça do meu jeito" até o "faça do seu jeito", usado por pessoas com baixa autoestima. Nenhum estilo em particular é exclusivamente bom ou ruim. As circunstâncias ditarão qual estilo é o mais apropriado para cada situação.

Nesta seção, veremos as lições que podemos aprender com os diferentes estilos de confronto aos quais os personagens bíblicos recorreram em diferentes conflitos ou divergências. Em um capítulo posterior, também veremos como o temperamento de nossa personalidade afeta a maneira como abordamos e reagimos ao conflito.

3

O Ditador
"Faça Do Meu Jeito"

Algumas pessoas administram o conflito acusando, ordenando, exigindo, dirigindo, impondo, mandando, governando, administrando e impondo a lei. Eu os chamo de ditadores. Neste capítulo, discutirei o que compõe e contribui para o estilo Ditador de lidar com conflitos.

Uma das principais canções do lendário Frank Sinatra é "*I Did It My Way*" (eu fiz do meu jeito). Não sei se o Sr. Sinatra era um ditador, mas essa música representa muito bem a mentalidade do ditador. O estilo "do meu jeito" de administrar conflitos não cede ou considera as opiniões dos outros. Quem recorre com frequência a esse estilo não dá importância a opiniões divergentes das suas, pois manter um relacionamento com o ofensor não é seu objetivo prioritário.

Embora um líder ou supervisor inteligente queira que as coisas sejam feitas do seu jeito, ele entende que há mais de uma maneira de atingir o mesmo objetivo. A capacidade de ser flexível é um traço de caráter que pode trazer grandes benefícios.

O ditador se envolve em confrontos em que só pode haver um vencedor e um perdedor. Ele usa seu poder ou raiva para vencer às custas da outra pessoa. Em muitas circunstâncias, esse estilo reflete imaturidade emocional e profissional.

> *"O irmão ofendido é mais difícil de conquistar do que uma cidade forte;" (Provérbios 18.19a)*

Alguns ditadores gritam, bramam e confrontam tudo o que consideram um problema. Eles podem ser muito irritantes. Você se vê pisando em ovos quando está perto deles, com medo de ofendê-los e irritá-los. Já vi gerentes que recorrem a esse tipo de comportamento no trabalho. Eles não geram nenhum tipo de lealdade em seus subordinados e muitas vezes são profundamente ressentidos. Quando tratamos as pessoas com desprezo e intimidação, não conseguiremos o melhor delas. Saiba que:

> O irmão ofendido é mais difícil de conquistar do que uma cidade forte; e as contendas são como os ferrolhos de um palácio. (Provérbios 18.19)

O estilo Ditador não é uma forma de motivar os funcionários. Ameaçar subordinados com a perda de seus empregos ou falta de promoções e aumentos só fará com que eles se tornem medíocres e façam o suficiente para permanecerem empregados.

O Supervisor Ditador

Quando eu estava em um cargo de grande responsabilidade em uma empresa da Fortune 500[2], eu era intransigente quanto à qualidade da correspondência que saía do meu departamento. Embora eu tivesse funcionários muito bons, eu mesmo edi-

---

[2] A Fortune 500 é uma lista anual compilada e publicada pela revista Fortune que contém as 500 maiores corporações dos Estados Unidos por receita total em seus respectivos anos fiscais. (N. do T.)

3. O Ditador

tava cada memorando para "melhorá-los". Um dia, quando o prazo era bem apertado, revi rapidamente um memorando na presença da redatora e concluí que ele transmitia a mensagem que eu queria e não precisava de mudanças. Eu teria redigido um pouco diferente, mas declarei que não havia problema em enviá-lo daquela maneira. A mulher que havia escrito o memorando estava em êxtase. Ela disse: "Nenhuma mudança? Não acredito!" Ela estava radiante. Daquele dia em diante, fiz ajustes nos memorandos da equipe apenas quando absolutamente necessário. O impacto em sua motivação foi impressionante. Aprendi algo que não havia aprendido na faculdade: as pessoas precisam sentir que têm algum controle ou autoridade sobre seu ambiente. Isso significa que você tem que se tornar fraco, flexível e condescendente? Claro que não! O que isso significa é que você percebe que, ao capacitar aqueles sobre quem você tem autoridade, você constrói uma equipe leal e vencedora.

Nordstrom, a loja de departamentos de luxo, resume a teoria do empoderamento. Os vendedores têm autoridade para trocar mercadorias ou tomar decisões sobre reembolsos. Eles raramente são obrigados a consultar um nível mais alto de gerência. Todos os vendedores são amigáveis e parecem amar seu trabalho. É um prazer fazer compras lá. Por outro lado, conheço um jovem pastor ditador que é inseguro demais para permitir que os líderes sob seu comando tomem até mesmo a menor decisão sem consultá-lo primeiro, e ele quase nunca está disponível. Ele nunca construirá líderes fortes. Ele estará sempre cercado por pessoas que dizem sim a tudo, e a quem, por suas ações, ele treinou para não mostrar nenhuma iniciativa.

O Esposo Ditador

O marido espiritualmente imprudente que exige submissão de sua esposa não a obterá; ele pode obter *obediência*, mas não submissão. A obediência é o cumprimento de um pedido, mas a submissão vem do coração. Se meu marido insistir que eu passe a roupa íntima dele, posso me ressentir do pedido, mas passo o ferro fielmente. Posso então, consciente ou inconscientemente, manifestar meu ressentimento em outras áreas do casamento, para sua perplexidade. Ele se perguntaria: *Por que ela sempre tem dor de cabeça quando quero ter intimidade com ela?*

Com submissão, por outro lado, a esposa demonstra o espírito e a atitude corretos ao obedecer. Acredito que um homem *comanda*, ou seja, *conquista* submissão pela forma como trata sua esposa. Não, não estou sugerindo que as esposas demonstrem uma atitude *rebelde quando não desejam ser submissas*. Eu me considero uma mulher submissa. Meu marido até se gaba de que eu sou assim! No entanto, a cada dia estou aperfeiçoando a arte de lidar com questões problemáticas à medida que surgem, em vez de permitir que a raiz da amargura brote e me contamine.

"Quando Ditar é Melhor" – Jesus Purifica o Templo

Apesar dos problemas com o estilo Ditador de gerenciamento de conflitos, às vezes pode ser a opção mais sábia. Quando a lei está em jogo, quando você têm total certeza de que está certo, quando uma decisão deve ser tomada e você é o único que pode tomá-la, ou quando o amor severo deve ser praticado para o bem de todos – então seja um ditador! Por exemplo, se seu filho viciado em drogas insistir em trazer dro-

3. O Ditador

gas para sua casa e criar um ambiente negativo ou ameaçador para os outros na casa, ele deve ser claramente avisado de que seu comportamento não será tolerado. Vemos Jesus recorrendo a esse estilo quando purificou o templo em Jerusalém:

> E vieram a Jerusalém. Jesus, entrando no templo, começou a expulsar os que ali vendiam e compravam. Derribou as mesas dos cambistas e as cadeiras dos que vendiam pombas. Não consentia que ninguém levasse qualquer vaso pelo templo. E os ensinava, dizendo: Não está escrito: 'A Minha casa será chamada por todas as nações casa de oração? Mas vós a transformastes num covil de ladrões'. (Marcos 11.15-17)

Jesus estava em pé de guerra pelo bem comum. Ele não podia permitir que os comerciantes profanassem o ambiente de adoração com sua atividade comercial. Se Ele tivesse permanecido em silêncio, teria estabelecido um precedente que acabaria por resultar na deterioração do templo. Seu compromisso era inquestionável.

Meu marido Darnell e eu frequentemente fazemos reuniões familiares e outras reuniões em nossa casa. Como seria de esperar em qualquer família grande, nem todos os nossos parentes ou convidados são cristãos. Darnell é um homem de princípios e acredita que, como chefe de nossa família, é sua responsabilidade manter a santidade de nosso lar. A regra geral de conduta de nossa casa é que nenhuma atividade pode ser realizada que desagrade a Deus, ou seja, nenhuma blasfêmia, consumo de álcool e outros vícios mundanos. Alguns convidados tiveram que se retirar por se recusarem em se comprometer. Eu o respeito muito por sua posição. Ao contrário de muitos cristãos, ele não tem medo de deixar que suas regras sejam conhecidas. Ele não tem medo de ofender alguém ou fazer algo que o torne impopular.

Os Ditadores Também Têm Necessidades

Eu sou de uma família grande. Sendo a única mulher entre sete irmãos, geralmente fico encarregada de organizar todas as reuniões e celebrações. Muitos anos atrás, meu marido e eu nos mudamos para uma casa nova na mesma época do meu aniversário. Estávamos tão exaustos de tanto desfazer as malas que não conseguimos planejar uma celebração especial. Na tarde de domingo do meu aniversário, uma amiga do meu escritório e seu marido apareceram para dizer olá. Enquanto eles estavam lá, um de meus irmãos também veio com sua filha de cinco anos, Ashley, para me desejar feliz aniversário. De todos os meus seis irmãos que moram na área de Los Angeles, ele foi o único que se lembrou do meu dia especial. Estávamos todos sentados no pátio, quando pedi licença para preparar ponche para todos. Ashley me seguiu até a cozinha. Ela se aproximou, encostou a cabeça em mim e disse: "Tia Deborah, sinto muito que apenas cinco pessoas foram à sua festa de aniversário".

Ora, Ashley estava acostumada a grandes festas de aniversário. Ela não poderia relacionar uma reunião tão pequena com uma celebração de qualquer tipo. Eu rapidamente a corrigi: "Oh não, querida, isso não é uma festa. Essas pessoas simplesmente passaram por aqui". Ela deu uma longa olhada para mim e disse: "Mas você deve se sentir mal porque não há pessoas suficientes aqui para se divertir!"

Ok, então eu me senti mal que nenhum dos meus outros irmãos se lembrou do meu aniversário. Ashley não ia me deixar encarar isso como algo insignificante. Mais tarde, contei à minha família que estava desapontada por eles não terem se lembrado. Eles compensaram isso no ano seguinte com uma bela reunião em um restaurante.

3. O Ditador

É muito difícil para os ditadores expressarem suas necessidades aos outros. Eles tentam esconder suas vulnerabilidades. Consequentemente, outros geralmente assumem que eles não precisam de nada e os tratam de acordo. Sim, muitas vezes sou uma ditadora, e você pode ver neste exemplo os resultados de não expressar minhas necessidades. Se eu tivesse deixado meus familiares saberem o quanto isso era importante para mim, eles provavelmente teriam sido mais conscientes sobre planejar uma celebração.

Se você é um ditador, poupe a si mesmo de alguma dor, frustração e ressentimento. Deixe os outros saberem que você também tem necessidades.

Seu Desafio

Existem situações em que você precisa praticar o estilo Ditador porque os valores morais estão em jogo ou o bem comum está sendo ameaçado?

Existem situações em que você precisa parar de praticar esse estilo e começar a se concentrar em ouvir e valorizar a opinião dos outros?

Por que não solicitar um amigo espiritual íntimo para monitorá-lo nesta área? Dê a ele permissão para oferecer um feedback objetivo sobre seu comportamento.

4

O Acomodado
"Faça Do Seu Jeito"

Em contraste com a personalidade do Ditador, algumas pessoas lidam com o conflito adaptando, ajustando, conformando-se, cedendo, favorecendo, agradando ou acomodando as necessidades e desejos dos outros. A acomodação é um comportamento que aprendemos na infância. As meninas, em particular, são criadas desde cedo para agradar os outros. Um dos meus grandes passatempos é brincar com as crianças. Muitas vezes, ouvi menininhas brincando ameaçarem uma colega que não obedece com um aviso como: "Não vou ser sua amiga". A vítima isolada aprende que não agradar os outros afeta a qualidade de sua vida – seu tempo de brincadeira – e pode ter consequências negativas. Portanto, ela aprende a cumprir os desejos dos outros.

O *Burger King* tem um slogan que todos conhecemos: "Faça do seu jeito". Eles personalizarão um hambúrguer para atender às nossas preferências individuais. O pensamento óbvio é que, se agradarmos a você, você nos preferirá; se não lhe agradarmos, você nos abandonará e irá para o concorrente. Ironicamente, o *Burger King* não é o vencedor na guerra das franquias de *fast food* – e você não será um vencedor no jogo da vida se estiver sempre procurando agradar os outros. Este é o estilo de vida do Acomodado.

A mentalidade "faça do seu jeito" do Acomodado é a codependência em seu pior grau. O medo da rejeição, isolamento ou abandono é tão grande que lidar com um conflito interpessoal está fora de questão. O Acomodado quer manter o relacionamento a qualquer custo, mesmo que custe suas próprias crenças, valores, paz de espírito, tempo pessoal ou recursos. Ele tem baixa autoestima e, portanto, não sente que traz algo de real valor para qualquer relacionamento. Portanto, ela faz um grande esforço para ser aceita atendendo aos desejos dos outros. O risco de confrontar é muito grande; a aceitação é o importante.

O Acomodado quer manter o relacionamento a qualquer custo, mesmo que custe suas próprias crenças, valores, paz de espírito, tempo pessoal ou recurso.

Muitos cristãos pensam que sofrer em silêncio é seu dever louvável. Afinal, eles pensam, Jesus sofreu na cruz e nunca disse uma palavra de murmúrio. Eles preferem ficar quietos "para terem paz", como costumam dizer. Eles definiram a paz como a ausência de discussões. Infelizmente, quando você se irritou, se afligiu ou experimentou outras formas de tormento interior, você não manteve a paz. Sim, você evitou uma discussão, mas criou uma tempestade interna. A verdadeira paz deve residir em você, e isso começa com um confronto efetivo dos problemas.

Os Pais Acomodados

Tenho observado muitos pais solteiros cheios de culpa que se recusam a disciplinar um filho desobediente ou rebelde por medo de que ele transfira seu amor e afeição para o pai ausente. A criança que está sempre procurando os limites ou barreiras para seu comportamento nunca encontra nenhum limite nesse pai.

Esse é o caso de uma mulher que chamarei de Sally P. Ela é uma mãe solteira que cria duas filhas adolescentes mimadas. Elas mostram pouco respeito, embora ela se sacrifique muito por elas. Elas passam os fins de semana com o pai e o veem como o mocinho. O pai tem limites bastante rígidos em relação às atividades sociais e outras atividades e as meninas o respeitam. Sally admite que teme perder o afeto delas. Embora ela faça tentativas fracas de impor limites, no final, permite que elas façam tudo do jeito delas. Ironicamente, seu desejo de se sacrificar para receber o amor e a aceitação nunca dá frutos. Em vez disso, seus esforços são recebidos com desrespeito. Ninguém respeita um covarde.

O Supervisor Acomodado

Percebi em locais de trabalho que um supervisor muitas vezes não consegue confrontar o comportamento negativo ou o mau desempenho de um funcionário para evitar o desagrado de um confronto. Isso desmoralizará aqueles com alto desempenho e pode fazer com que o restante da equipe se torne medíocre.

Os supervisores acomodados geralmente desenvolvem novas regras e ordens que influenciam, incomodam ou desmoralizam toda a equipe, quando na verdade essas regras são direcionadas a uma pessoa que o supervisor se recusa a confrontar. Garanto que sua equipe perderá o respeito por você como líder se você não lidar com situações problemáticas de maneira adequada e madura.

Como supervisor ou gerente, você é responsável por desenvolver as habilidades e as relações de trabalho de seus funcionários; evitar um confronto é um mau exemplo. Além disso, problemas não resolvidos distraem você e seus funcionários e impedem que todos se concentrem no desempenho e em atingir as metas da empresa. Todo mundo perde. Depois de estabelecer uma reputação de ser capaz de enfrentar e lidar com questões complicadas, você ganhará o respeito de seus superiores, seus colegas e seus funcionários.

Lembro-me de meu período de três anos em uma grande empresa aeroespacial no sul da Califórnia. Quando assumi uma posição gerencial muito importante, meus subordinados tinham mais experiência do que eu, e eram todos de uma etnia diferente. Decidi que, em vez de me sentir intimidada por essas realidades, me comportaria como a gerente que a empresa esperava que eu fosse.

Implementei os princípios do confronto eficaz desde o início. Aconselhei a equipe a tentar resolver seus conflitos entre si antes de apresentar um problema para mim. Também os encorajei a me confrontar sem medo de retaliação. Eu os elogiava quando o faziam. Devo confessar que nunca gostei de ser confrontada, mas sempre experimentei crescimento. Mesmo depois que deixei a empresa, vários membros da equipe vinham à minha casa e ensaiavam os confrontos que planejavam ter com um chefe ou colega. Foi uma experiência muito gratificante.

"Faça do Seu Jeito" - Abrão e Ló

A história de Abrão e Ló lança mais luz sobre o estilo Acomodado de resolver conflitos. É também um exemplo de quando acomodar-se é a coisa mais sábia a se fazer.

4. O Acomodado

Deus instruiu Abrão que deixasse seu país e sua família para ir a um lugar não designado. Ele prometeu abençoá-lo e torná-lo uma bênção para os outros. Abrão obedeceu rapidamente. Ele pegou todos os seus pertences e partiu com sua esposa, seu sobrinho Ló e seus servos. Eles acumularam muitos bens no caminho para a Terra Prometida, tanto, na verdade, que não havia terra suficiente para sustentá-los. As contendas começaram a surgir entre os pastores do gado de Abrão e os pastores do gado de Ló.

> Disse Abrão a Ló: Ora, não haja contenda entre mim e ti, entre meus pastores e teus pastores, porque somos irmãos. Não está toda a terra diante de ti? Eia, pois, aparta-te de mim. Se escolheres a esquerda, irei para a direita; se a direita escolheres, irei para a esquerda. Levantou Ló os olhos e viu toda a campina do Jordão, que era toda bem regada, antes do Senhor ter destruído Sodoma e Gomorra. Era como o jardim do Senhor, como a terra do Egito, quando se entra em Zoar. Então Ló escolheu para si toda a campina do Jordão e partiu para o Oriente, e apartaram-se um do outro. (Gênesis 13.8-11)

Como não amar alguém como Abrão? Sua generosidade e seu desejo de evitar conflitos são cativantes. Ele e seu sobrinho passaram por muitas dificuldades e provações juntos desde que deixaram sua terra natal, e seu relacionamento permaneceu intacto. Curiosamente, Ló não foi mencionado na grande promessa de abundância de Deus ao patriarca. Deus o abençoou apenas porque ele estava com Abrão. Agora a prosperidade ameaçava separá-los.

Ló parecia ser um grande egoísta. Mas Abrão valorizava tanto seu relacionamento com ele que lhe deu a opção de escolher a terra mais fértil. Você pode pensar que Ló ficaria tão grato a esse amado idoso – que era o motivo de ele ter sido abençoado tão abundantemente – que ele ficaria com a porção menos desejável da terra. Mas não; ele escolheu os vales bem irrigados do rio Jordão. Tal ato de egoísmo teria sido suficiente para arruinar a maioria dos relacionamentos. No entanto, a prioridade de Abrão não era acumular riquezas materiais, mas sim cumprir a vontade de Deus.

A prosperidade pode separar os familiares mais próximos. Basta que "tia Susie" ou o "tio Joe" morram sem fazer testamento e deixem algum dinheiro. Os membros da família que têm uma longa história juntos se afastarão na luta para obter a maior parte da propriedade. Abrão é um bom exemplo para nós porque não tinha uma "mentalidade de escassez". A mentalidade de escassez diz: "Há apenas o suficiente para mim. Estarei em desvantagem se compartilhar a bênção, ou a glória, ou a informação, ou a receita, ou qualquer outra coisa".

Stephen Covey, em seu livro *Os Sete Hábitos das Pessoas Altamente Eficazes*, explica que as pessoas com mentalidade de escassez "veem a vida como se houvesse apenas um tanto, como se houvesse apenas uma torta lá fora. E se alguém ficasse com um grande pedaço da torta, isso significaria menos torta para todos os outros"[3]. Essa mentalidade é praticada todos os dias nos negócios, na igreja e nas famílias ao redor do mundo.

Mas Abrão tinha fé nas promessas de Deus. Ele sabia que receberia o que lhe era devido. Manter o relacionamento com Ló era mais importante para ele do que obter a melhor propriedade. E através da certeza da Palavra de Deus, descobrimos que Deus reafirmou Suas promessas a Abrão depois que Ló partiu: "Disse o Senhor a Abrão, depois que Ló se apartou dele: 'Levanta agora os olhos e olha, do lugar onde estás, para a banda do norte, do sul, do oriente e do ocidente; porque toda

---

3   Stephen R. Covey, *Os Sete Hábitos das Pessoas Altamente Eficazes* (Nova Iorque: Simon e Schuster, 1990), 219.

4. O Acomodado

esta terra que vês, hei de dar a ti e à tua semente para sempre'" (Gênesis 13.14-15).

"O Acomodado Eloquente" – Arão versus a Multidão

O desejo de agradar não é um fenômeno moderno. Quando Deus encarregou Moisés de liderar os israelitas para fora do Egito, Moisés reclamou que ele não era adequado para o trabalho porque não era eloquente. "Então disse Moisés ao Senhor: 'Ah! Senhor! Eu não sou homem eloquente, nem de ontem, nem de anteontem, nem ainda desde que tens falado ao Teu servo, porque sou pesado de boca e pesado de língua'" (Êxodo 4.10). Deus acalmou os temores de Moisés permitindo que Arão, que era eloquente, fosse seu porta-voz.

Em Êxodo 32, os filhos de Israel foram libertados do Egito e estavam a caminho da Terra Prometida. Quando Deus convocou Moisés ao Monte Sinai para lhe dar a Lei, Moisés deixou Arão no comando da multidão. Depois que Moisés se foi por quarenta dias e quarenta noites, os israelitas ficaram inquietos e impacientes. E agora encontramos esse espírito complacente dominando o estilo de liderança de Arão e produzindo resultados terríveis:

> Mas, vendo o povo que Moisés tardava em descer do monte, acercou-se de Arão e disse-lhe: 'Levanta-te e faze--nos deuses que vão adiante de nós. Porque quanto a esse Moisés, a este homem que nos tirou da terra do Egito, não sabemos o que lhe sucedeu'. Arão lhes disse: 'Arrancai os pendentes de ouro que estão nas orelhas de vossas mulheres, de vossos filhos e de vossas filhas e trazei-os a mim'. Então todo o povo arrancou os pendentes de ouro

das orelhas e os trouxe a Arão. Ele os tomou das suas mãos, formou o ouro com um buril e fez dele um bezerro de fundição. Então disseram: 'Estes são os teus deuses, ó Israel, que te tiraram da terra do Egito'. Arão, vendo isto, edificou um altar diante dele; e Arão apregoou: 'Amanhã será festa ao SENHOR'. (Êxodo 32.1-5)

Observe que Arão não protestou ou ofereceu qualquer resistência ao pedido pecaminoso deles. Ele não queria ser impopular.

Moisés voltou e confrontou Arão sobre o que ele havia feito: "Que te fez este povo, que sobre ele trouxeste tamanho pecado?" (Êxodo 32.21).

Arão, temendo a ira de Moisés e sentindo-se entre a cruz e a espada, respondeu: "Não se acenda a ira do meu senhor. Tu sabes que este povo é inclinado ao mal" (v. 22). Como resultado de Arão permitir que os israelitas "fizessem do jeito deles", três mil pessoas morreram naquele dia (vs. 27-28).

Deus não Se surpreende com nossa humanidade;
Ele Se lembra que somos apenas pó.

A moral desta história é que quando não nos mantemos firmes e não exercemos um amor severo, muitas vezes causamos a "morte" figurativa dos outros e às vezes de nós mesmos, dos nossos objetivos, do nosso destino. Veja, a morte é a separação. O Acomodado muitas vezes faz com que alguns percam lições de vida que poderiam ter aprendido ou perdem benefícios que poderiam ter obtido, como desenvolvimento emocional e espiritual, responsabilidade financeira, independência pessoal e vida eterna, entre outros. Uma das passagens mais trágicas da Bíblia é João 12.42-43: "Apesar de tudo, até muitos dos principais creram Nele; mas não O confessavam por causa dos fariseus, para não serem expulsos da sinagoga; porque amavam mais a glória dos homens do que a glória de Deus".

Esses líderes escolheram rejeitar Jesus em vez de arriscar serem expulsos da sinagoga! A boa notícia é que Deus não odeia nem se recusa a usar Acomodados. Mesmo enquanto Arão estava fazendo o bezerro de ouro, Deus estava fazendo planos para que ele se tornasse sumo sacerdote. Em Êxodo 28.2, Deus instruiu Moisés a "fazer vestes santas para Arão, seu irmão, para glória e ornamento". Alguns capítulos depois, Arão fez o bezerro de ouro. Deus não Se surpreende com nossa humanidade; Ele Se lembra que somos apenas pó. Ele sabe que colocou em cada um de nós o potencial para ser o que Ele quer que sejamos. Ele Se concentra no que seremos — não no que somos.

Como Deixar De Ser Um Acomodado

Se ser um Acomodado afetou sua qualidade de vida ou fez com que você respondesse de maneiras que não eram benéficas para outra pessoa, considere as estratégias abaixo.

Ver Todos no Mesmo Plano

A maioria das pessoas com baixa autoestima vê os outros em uma hierarquia. Todas as pessoas educadas, bonitas, magras, ricas e populares (ou aquelas em posições de autoridade) estão no topo; o Acomodado se vê muito inferior. Ele se considera privilegiado por estar na companhia dessas pessoas. É sua honra servir a pessoas tão dignas. Ele nunca ofenderia uma dessas pessoas dizendo "não" a qualquer pedido, não importa o quão desconfortável ele esteja em realizá-lo.

Deus não respeita a posição social das pessoas. Ele não estima um ser humano mais do que outro. Ele ama e vê todos os homens da mesma forma. Em minha tentativa de me tornar mais semelhante a Ele, conscientemente me recuso a exaltar uma pessoa acima de outra – e certamente não acima de mim mesma. Em meu trabalho como CPA[4] e consultora financeira, muitas vezes interajo com pessoas ricas, chefes de organizações conhecidas ou outros indivíduos de grande importância. Embora eu respeite suas posições, realizações e contribuições para a sociedade, não os considero mais inerentemente valiosos do que quaisquer outras pessoas com quem interajo regularmente.

Certa vez, em uma viagem à África, eu ansiava muito conhecer uma figura política altamente popular. Quando descobri que a reunião estava sujeita a termos que me pareciam problemáticos, abandonei a ideia sem hesitar e imediatamente mudei meu entusiasmo para uma próxima visita às favelas onde reside a maioria negra desprivilegiada. Eu sei que tal atitude é uma obra da graça de Deus, e sou uma ex-Acomodada agradecida.

Expressar Seus Limites

Cada propriedade tem seus limites, que nos permitem conhecer os domínios do proprietário. Qualquer um que cruzar a linha sem a permissão do proprietário é um invasor. Como um Acomodado muitas vezes não expressa ou deixa claro suas "fronteiras" ou limites, as pessoas constantemente violam seus direitos.

Quando comecei a ensinar o conceito de estabelecer limites, costumava dizer que algumas pessoas não tinham limites. No entanto, à medida que interagia com outros Acomodados, percebi que todos nós temos limites além dos quais preferimos que os outros não ultrapassem. O que ocorre é que algumas pessoas têm medo de expressar esses limites por medo de rejeição ou isolamento.

4   CPA é a sigla para Certified Public Accountant, que significa Contador Público Certificado. (N. do T.)

4. O Acomodado

Conheço uma mulher cristã compassiva que está sempre pronta para ministrar a qualquer necessidade que lhe seja apresentada. Deus a ungiu especialmente para orar pelos doentes e encorajar os aflitos. O problema é que ela não expressa nenhum de seus limites. As pessoas ligam para ela a qualquer hora da noite. Eles a envolvem em longas conversas e sessões de aconselhamento. Ela reclama com sua família sobre essas intrusões, mas nunca fez nada para interrompê-las. Sua filha comprou uma secretária eletrônica para ela, mas ela raramente a usa. Ela prefere continuar reclamando e permitir que sua saúde se deteriore por falta de descanso do que arriscar um possível isolamento daqueles que se aproveitam dela.

Ouvi alguém dizer que a primeira vez que alguém usa você, a culpa é dela. A segunda vez, a culpa é sua! Acredito firmemente que você ensina as pessoas a tratá-lo pelo que você tolera. Sim, estabeleça este pensamento em sua mente e repita-o com frequência: *eu ensino as pessoas a me tratarem pelo que eu tolero.*

Por mais de um ano, eu trabalhei com contabilidade em minha casa. Como a maioria dos meus clientes sabia que eu trabalhava em casa, muitos ligavam em horários irregulares e nos fins de semana. Por fim, frustrada com a insensibilidade deles à minha vida pessoal, deixei uma mensagem gravada que dizia: "Este telefone só é atendido de segunda a sexta das 8h30 às 18h30". Percebi que ao atender o telefone em horários estranhos, eu havia ensinado aos meus clientes que não havia problema em ligar a qualquer hora. A moral desta história é: não crie nenhum monstro que você não planeja alimentar.

Uma pessoa que conheci recentemente me ligou de manhã cedo para me encorajar a manter o foco na escrita deste livro. Um dia eu disse a ela: "Eu realmente aprecio suas ligações para me encorajar a escrever o livro. Devo dizer-lhe que não me levanto antes das 7h30. Preciso de motivação, então sinta-se à vontade para me ligar depois desse horário". Um limite foi estabelecido. Ela nunca mais ligou tão cedo novamente.

Como você se sente sobre as pessoas que violam um de seus limites, como aparecer em sua casa sem ligar primeiro? Se isso lhe incomoda, você precisa avisar a pessoa, na primeira vez que isso acontecer, que você prefere que avise antes: "Sally, é tão bom ver você. Por favor, ligue antes de vir da próxima vez para que eu possa reservar algum tempo de qualidade para nosso encontro". Um limite claro é definido.

A colunista de conselhos "*Dear Abby (Querida Abby)*" certa vez recebeu uma carta de "Cansada, in Arkansas", uma mulher que tinha um irmão na prisão que ligava para ela várias vezes por semana. Ele também pedia a ela para enviar dinheiro para itens pessoais e para pagar suas multas judiciais. Em resposta, Abby disse à mulher para limitar as ligações a cobrar a uma por mês e não enviar dinheiro ao irmão, a menos que ela pudesse pagar facilmente.

Aplaudo a resposta de Abby; é semelhante à que eu teria dado. Essa mulher simplesmente precisava estabelecer alguns limites. Eu teria moderado a resposta um pouco mais com o seguinte roteiro para o confronto com o irmão: "Mark, eu me comovo com sua situação de estar encarcerado. Tenho certeza que esta deve ser uma experiência difícil. Como minha família e eu devemos viver dentro de um orçamento limitado, terei que restringir nossas conversas telefônicas a uma vez por mês. Deixe-me saber em qual dia do mês você planeja ligar para que possamos ter certeza que estaremos em casa. Tentarei escrever para você sempre que puder. Além disso, conforme nosso orçamento permitir, enviarei algum dinheiro para selos, e assim por diante. Estamos ansiosos pela sua liberdade". Os limites foram definidos!

"Limites Com Consequências" – Jesus e o Jovem Rico

Quando um jovem rico veio a Jesus e lhe perguntou quais eram os requisitos para herdar a vida eterna, Jesus respondeu:

> '... Não adulterarás, não matarás, não furtarás, não darás falso testemunho, honra teu pai e tua mãe'. Ele disse: 'Todas estas coisas tenho observado desde a minha meninice'. Jesus, porém, ouvindo isto, disse-lhe: 'Ainda te falta uma coisa: vende tudo quanto tens, reparte-o entre os pobres e terás um tesouro no céu; depois, vem e segue--Me'. Ele, ouvindo isto, ficou muito triste, porque era muito rico. (Lucas 18.20-23)

Sem dúvida, Jesus ficou muito triste também porque sabia que o jovem havia tomado uma decisão ruim. Jesus não pôde fazer nada diferente, pois as riquezas tinham tanto poder sobre o jovem, que Jesus pediu-lhe que abandonasse tudo. Isso ia além de pagar o dízimo, dar ofertas e ajudar outros à medida que a situação surgia.

Antes de criticarmos o jovem, façamos uma pausa para apreciar alguns aspectos de seu caráter. Ele era uma autoridade que tinha altos valores morais. Ao contrário de muitos líderes de hoje, ele não esteve associado a escândalos e corrupção. Ele acreditava ter guardado todos os mandamentos desde sua juventude. Ele se importava com sua vida espiritual e seu destino eterno. Ele não compartilhava as preocupações mundanas dos outros governantes daquela época que não confessavam o Senhor por medo de serem expulsos da sinagoga (João 12.42). Seguir a Jesus não era um curso de ação popular, mas ele estava disposto a sofrer isolamento e rejeição de seus pares. Ele simplesmente tinha esse apego que o prendia – suas riquezas. E porque Jesus não negociaria, ele teria que perder a vida eterna! Imagine qual seria a situação do cristianismo se Jesus estivesse disposto a fazer concessões. Estaríamos todos tentando negociar um pequeno vício favorito. "Jesus, eu farei tudo o que Tu pedires, apenas deixa-me manter minha amante, meu hábito de jogo, minha amargura".

E você? Quão firmes são seus limites? Você costuma dizer sim quando realmente quer dizer não? Os outros tomam liberdades com suas posses? Por favor, tenha em mente que os Acomodados são propensos a desenvolver uma raiz de amargura. Eles não gostam de si mesmos e sofrem de baixa autoestima por não serem sinceros aos seus próprios desejos e vontades.

Valorize Conscientemente Seus Ativos Intangíveis

Na contabilidade existem dois tipos de ativos: tangíveis e intangíveis. Os *ativos tangíveis* têm substância física; isto é, eles podem ser vistos e tocados. Seus valores podem ser determinados objetivamente por um avaliador. Edifícios, veículos, móveis, equipamentos e assim por diante se enquadram nesta categoria. Os *ativos intangíveis* apresentam um dilema de avaliação mais interessante por não possuírem substância física; seu valor deriva dos direitos ou outros benefícios futuros que representam para o proprietário. A clientela de uma empresa é um exemplo típico. Seu valor não pode ser visto com os olhos físicos, mas o valor existe mesmo assim. Deixe-me explicar.

Muitas vezes quando alguém compra um negócio existente, paga mais pelo negócio do que os ativos tangíveis valem. Suponha que o Sr. X deseja comprar um restaurante local. O edifício e outros equipamentos estão avaliados em R$ 300.000,00;

4. O Acomodado

no entanto, o Sr. X está disposto a pagar R$ 700.000,00 pelo restaurante porque ele está no mercado há mais de vinte anos, possui receitas exclusivas e é um ponto de encontro favorito em toda a região. Ele está disposto a pagar um extra de R$400.000,00 devido à clientela e às receitas. O Sr. X deu mais valor ao intangível do que ao tangível.

Somos constantemente bombardeados com mensagens publicitárias que enfatizam o físico, e os cristãos entraram nesse sistema. Damos mais valor à beleza física, posses e outros tangíveis temporais do que aos intangíveis eternos como integridade, bondade, paciência, imparcialidade e fidelidade, para citar alguns. Eu desafio você a ser um dissidente e parar com essa loucura!

Comece agora mesmo. Faça uma lista de seus bens intangíveis dados por Deus. Medite em cada um e dê-lhe um alto valor. Aqui está uma lista minha para você começar:

- Na minha vida social, não discrimino entre os que têm e os que não têm.
- Tenho uma boa compreensão da Bíblia.
- Adoro contribuir, mesmo que signifique um sacrifício, e encorajo outros a fazê-lo.
- Tenho uma atitude otimista.
- Eu tenho um bom senso de humor.
- Inspiro e motivo qualquer pessoa que queira atingir um objetivo.
- Sou objetiva e imparcial; portanto, sou boa em resolver conflitos.
- Expresso meus limites.

Faça agora sua própria lista – meus ativos intangíveis:

_____

_____

_____

_____

_____

Agora, o mundo pode não colocar tanto valor nas opções acima quanto você, mas lembre-se: esses ativos intangíveis são inestimáveis. Então, da próxima vez que você for tentado a exaltar os bens tangíveis de outra pessoa, revise sua lista e agradeça a Deus por Suas maravilhosas dádivas.

Quando Acomodar-Se É Melhor

Antes de concluirmos que se acomodar é sempre ruim, deixe-me lembrá-lo de que às vezes pode ser a opção mais sábia. Tal seria o caso nos seguintes exemplos:

- Você concluiu em oração que prefere manter o relacionamento "como está" do que arriscar as possíveis consequências de um confronto. Foi assim que Abrão tratou com Ló no exemplo dado anteriormente.
- Você percebe que está travando uma batalha perdida e provavelmente não vencerá. Isso é especialmente verdadeiro quando a outra pessoa se recusa a reconhecer um aparente ponto cego.
- Você decidiu, como Deus fez com os filhos de Israel, permitir que a outra pessoa experimente a lei de semear e colher para que ele possa aprender uma lição: "Ele lhes satisfez o desejo, mas fez definhar a alma deles" (Salmos 106.15).

4. O Acomodado

> *Os limites servem simplesmente para ajudar os outros a saber até onde podem ir em nosso território.*

Seu Desafio

Considere algumas áreas em seus relacionamentos atuais em que você está inconscientemente ou não intencionalmente ensinando aos outros que o comportamento negativo ou insensível deles em relação a você é aceitável. Peça a Deus uma maneira criativa de acabar com isso e, em seguida, estabeleça um prazo para fazê-lo.

Além disso, ao começar a estabelecer limites, tome cuidado para não exagerar e começar a construir muros. Uma das estratégias de Satanás é nos fazer ir de um extremo ao outro. Muros mantêm as pessoas fora de nossas vidas. Esta não é a vontade de Deus. Os limites são como cercas com portões. Podemos permitir a entrada de outros quando julgarmos sábio e apropriado. Os limites servem simplesmente para ajudar os outros a saber até onde podem ir em nosso território.

5

O Abdicador
"Vou Sair Daqui"

Outra maneira de lidar com o conflito é representada pelo Abdicador. Um Abdicador lida com o conflito recuando, afastando-se, desistindo, retirando-se, separando-se, desligando-se, indo embora, abandonando, renunciando, rendendo-se ou cedendo.

Abdicar é renunciar ao poder ou à responsabilidade. O renomado psicólogo M. Scott Peck[5] afirma em seu livro, *A Trilha Menos Percorrida*, que "a tendência de evitar problemas (…) é a causa primária de todas as doenças mentais".

Se isso for verdade, então o Abdicador é o principal candidato a um transtorno mental.

O Abdicador evita o confronto a qualquer custo. Ele se retirará de uma situação em vez de confrontar. Ele se priva da oportunidade de experimentar o crescimento que resulta de trabalhar para resolver os problemas.

---
5 M. Scott Peck, *A Trilha Menos Percorrida* (Nova Iorque: Simon e Schuster, 1979), 16.

> *"A tendência de evitar problemas (...) é a causa primária de todas as doenças mentais". M. Scott Peck*

Quando é ofendido, o Abdicador deixa a igreja ou o ministério onde ele é voluntário – e não conta a ninguém o porquê. Ele não faz nenhuma tentativa de entender o motivo ou as intenções de quem o ofendeu. Ele não percebe que muitas vezes a pessoa que o ofendeu pode não saber que fez isso e não o fez por mal. Se o Abdicador não tivesse fugido, ele teria descoberto.

O Abdicador muitas vezes sai de um emprego com pouco ou nenhum aviso prévio. Uma amiga que trabalhava com uma organização sem fins lucrativos me disse que ficou perturbada com a forma como a diretora estava administrando o programa. Um dia ela simplesmente se demitiu, deixando sua chefe em uma situação difícil. A diretora ficou chocada com a decisão tão repentina e implorou que ela dissesse o que a levou a se demitir. Ela me disse que nunca deu uma explicação à mulher. Que infeliz, irresponsável e pouco profissional. Qual foi a pior coisa que poderia ter acontecido se ela tivesse confrontado a diretora logo no início? Talvez ela teria sido demitida? Eu duvido.

Fazer cara feia é outro exemplo do comportamento de um Abdicador. A esposa amuada se retira para o silêncio em vez de expressar sua frustração de uma maneira espiritualmente madura, deixando o marido adivinhar o que a está incomodando. Claro, os homens também são culpados desse comportamento. Você nunca deve esperar que alguém seja um leitor de mentes! Expresse o que você precisa. Não perca tempo ficando chateado por algo que ele ou ela *deveria* saber. Não suponha nada.

> *Lembre-se de que você ensina as pessoas a tratá-lo pelo que você tolera.*

5. O Abdicador

Quando falo com casais, aconselho homens e mulheres a mudarem de "Deverialândia", a cidade imaginária onde tudo acontece como deveria. Peça o que quiser. Se ele abrir a porta do seu carro é importante para você – homens, é importante para a maioria das mulheres – então diga a ele que realmente lhe deixaria feliz se ele fizesse isso. Não recorra ao silêncio passivo-agressivo como meio de revidar. O comportamento passivo-agressivo é contra a vontade de Deus. Mateus 18.15 nos adverte claramente a "ir e dizer" ao ofensor sua culpa.

Um homem que sempre sucumbe ao tratamento do silêncio implorando à esposa que lhe diga por que ela está fazendo cara feia ensina a ela que essa é uma maneira eficaz de chamar sua atenção. Em vez de ignorá-la ou atendê-la, ele poderia perguntar calmamente: "que mensagem você está tentando me comunicar com seu silêncio? Eu realmente quero resolver qualquer que seja o problema e seguir em frente". Lembre-se de que você ensina as pessoas a tratá-lo pelo que você tolera.

Percebi ao brincar com crianças pequenas que uma delas, geralmente uma menina, muitas vezes faz beicinho e se afasta do resto se as coisas não estiverem indo do jeito dela. Sempre aconselhei as outras crianças a ignorarem esse comportamento. Eu não quero ensinar a ela que o seu comportamento trará resultados. Eventualmente, ela para com isso e se junta a nós.

"O Ressentimento de um Abdicador" – O Irmão do Filho Pródigo

Jesus contou uma parábola do filho pródigo que desperdiçou sua herança na vida mundana. Depois de atingir o fundo do poço, ele decidiu se arrepender e ir para casa com seu pai, onde poderia viver bem novamente. Seu pai, encantado com o fato de seu filho ter caído em si, deu uma festa em sua chegada.

O filho mais velho e sensato, que nunca deixou o pai e o serviu adequadamente, ficou bastante aborrecido com a comemoração.

> Ele, porém, indignou-se e não queria entrar. Mas, saindo o pai, insistia com ele. Mas ele respondeu ao pai: Eis que te sirvo há tantos anos, nunca transgredi teu mandamento e nunca me deste um cabrito para alegrar-me com meus amigos; vindo, porém, este teu filho, que desperdiçou teus bens com as meretrizes, mataste para ele o bezerro cevado. O pai lhe disse: Filho, tu sempre estás comigo, e todas as minhas coisas são tuas. Mas era justo alegrarmo-nos e folgarmos, porque este teu irmão estava morto e reviveu; tinha-se perdido, e foi encontrado. (Lucas 15.28-32)

O pai era um homem sábio. Embora o filho tenha dito que se sentiu desvalorizado, o pai não atendeu à avaliação errônea cancelando a festa. Ele simplesmente explicou que fazer a festa era a coisa certa a fazer.

Muitas vezes você precisa se aproximar dos Abdicadores – pelo menos inicialmente – para dar a eles a oportunidade de explicar sua dor ou a frustração. No entanto, você não deve atender a um Abdicador apenas para evitar o desconforto ou desagrado de sua cara feia ou tratamento silencioso. Fazer isso cria um desequilíbrio que acabará por destruir o relacionamento de qualquer maneira.

Além disso, você não deve permitir que uma pessoa ou um grupo em discordância com alguém dite se você deve manter um relacionamento com essa pessoa. Quando eu estava na faculdade, minha colega de quarto, Belinda, e eu pertencíamos a irmandades rivais. Algumas das minhas novas irmãs da fraternidade ficavam muitas vezes perturbadas porque eu continuava meu relacionamento com ela e visitava o "campo do inimigo".

Decidi acreditar que meus interesses são amplos o suficiente para me permitir socializar com grupos diferentes e envolver as pessoas em conversas que não se concentrem nas questões que elas discordam de meus outros amigos. Ao continuar o relacionamento, estou em melhor posição para construir uma ponte de reconciliação quando tenho acesso a ambos os lados.

Você deve ter cuidado para não pressionar ninguém a escolher um lado só porque você não conseguiu ou se recusou a se reconciliar com alguém.

"O Acomodado, o Ditador e o Abdicador" – Abrão, Sarai e Hagar

Sarai, esposa de Abrão, não conseguia mais lidar com sua esterilidade. Parecia que a promessa de Deus para ela de que ela teria um filho não iria se cumprir. Talvez ela e Abrão tenham interpretado mal as palavras de Deus. Sarai esperou o suficiente. Era hora de resolver o problema com as próprias mãos[6]. Ela pediu a Abrão que dormisse com sua serva, Hagar, e sendo o Acomodado que era, ele consentiu.

Depois de engravidar, Hagar desenvolveu uma atitude hostil em relação a Sarai e começou a desprezá-la. Grande erro! Deve-se ter cuidado ao ofender um Ditador. No estilo característico do Ditador, a resposta de Sarai foi rápida e severa.

*Então disse Sarai a Abrão: Meu agravo seja sobre ti. Pus minha serva em teu regaço. Vendo ela agora que concebeu, sou menosprezada aos seus olhos. O S*ENHOR *julgue entre mim e ti. Disse Abrão a Sarai: Tua serva está em tuas mãos.*

---

[6] O nome Sarai pode significar "governante, capitã ou governadora" (nem todos os comentaristas concordam com isso). Fiel ao seu nome, Sarai começou a ditar o curso de ação que ela e Abrão deveriam tomar. Mais tarde, Deus mudou seu nome para Sara (Gênesis 17.15), que significa "princesa".

Faze-lhe o que parecer bem aos teus olhos. Sarai a afligiu, e ela fugiu de sua face. (Gênesis 16.5-6)

Como Hagar não tinha recursos financeiros ou apoio emocional de Abrão, você pensaria que ela teria se humilhado, se arrependido de sua atitude insolente e implorado o perdão de Sarai. Mas não! Os abdicadores geralmente não assumem a responsabilidade de fazer a diferença nas situações que os afetam. Ela simplesmente fugiu. Na verdade, *Hagar* significa "fuga". Assim, ela estava representando sua verdadeira natureza. Claro, ela provavelmente sentiu que uma discussão com Sarai seria inútil. A maioria das pessoas teme um confronto com um ditador.

Certamente Hagar, como criada, tinha outras responsabilidades com a casa. Ela não parou para considerar como o abandono de tais deveres afetaria qualquer outra pessoa. Ela só queria fugir! O anjo do Senhor a encontrou na beira da estrada, perto de uma fonte no deserto, e a instruiu a "voltar" e "humilhar-se" a Sarai (Gênesis 16.9). Então ela se envergonhou, engoliu o orgulho e voltou para casa.

As lições que devemos aprender com Hagar são três. Primeiro, devemos aprender a permanecer humildes quando Deus nos abençoa ou nos eleva a uma posição vantajosa. Em segundo lugar, precisamos colocar a culpa em nós mesmos quando somos expulsos (como demitidos, rebaixados, ignorados para uma promoção) por causa de nossas próprias ações. E terceiro, precisamos saber que, mesmo quando erramos, Deus ainda é fiel para nos ajudar nos momentos difíceis e nos fazer vitoriosos.

5. O Abdicador

Quando Abdicar É Melhor

Abdicar ou recuar nem sempre é ruim se for temporário. Às vezes, precisamos recuar para nos permitir responder racionalmente e de acordo com a vontade de Deus. Muitas vezes precisamos buscar a Sua orientação e entrar em contato com as nossas próprias emoções. Outras vezes, podemos perceber que não temos informações adequadas para um confronto efetivo. Agora, alguns cristãos usarão esse método de retirada como desculpa e dirão: "estou apenas orando sobre a situação". Meses e até anos depois, eles ainda estarão chateados e orando sobre isso. Não recue mais do que o necessário.

Expressando Suas Necessidades: A Declaração em Primeira Pessoa ("Eu")

O exercício a seguir lhe ajudará a parar de recuar quando deveria estar expressando suas necessidades. Será útil para que qualquer pessoa que tem agido como um Abdicador – que provavelmente é praticamente todo mundo, em algum momento – veja áreas em sua vida onde as necessidades não foram atendidas.

A Declaração em Primeira Pessoa ("Eu")

Ao desenvolver nossa maturidade espiritual, devemos aperfeiçoar a capacidade de expressar nossas necessidades, preferências ou desejos a outra pessoa de maneira não acusatória, sem culpa e sem julgamento. Fazemos isso através do uso de uma declaração em primeira pessoa, como a seguinte:

Eu me sinto _____

(a emoção evocada pelo comportamento ofensivo ou prejudicial, por exemplo, irritado, aborrecido, desvalorizado,

frustrado, desrespeitado) quando você _____
_____ (descrição específica, sem culpa, sem acusação ou sem julgamento do comportamento). Eu preferiria que você _____ (exatamente o que você gostaria de ver acontecer).

Vamos experimentar algumas situações para praticar.

AMIGO PARA AMIGO

O Jeito Maduro: "Eu fico aborrecido quando você critica a mensagem na minha secretária eletrônica. Eu apreciaria se você simplesmente deixasse sua mensagem e se abstivesse de julgar o conteúdo ou a duração da minha gravação".

O Jeito Errado: "Por que você é sempre tão crítico? Por que você não pode simplesmente deixar uma mensagem na secretária eletrônica como todo mundo!"

ESPOSA PARA MARIDO

O Jeito Maduro: "Eu realmente desejo ser mimada por você. Quando você ignora meu carro sujo, eu não me sinto tão mimada. Eu realmente apreciaria se você levasse meu carro para o lavacar às vezes".

O Jeito Errado: "Você já pensou em alguém além de você mesmo? Olhe para o meu carro. Está imundo enquanto seu carro fica lá limpinho! Que tipo de marido trata sua esposa assim?"

PARENTE PARA PARENTE

O Jeito Maduro: "Fico frustrado quando você se esquece de me contar com antecedência sobre eventos familiares. Avisos de última hora não me dão tempo para ajustar minha agenda.

Agradeceria se me informasse com máximo de antecedência para que eu possa planejar e participar".

O Jeito Errado: "Por que vocês fazem tudo no último minuto? Você nunca ouviu falar da palavra P-L-A-N-E-J-A--M-E-N-T-O? Eu tenho uma vida. Não posso simplesmente mudar minha agenda de um momento para outro para participar dessas reuniões improvisadas!"

Cônjuge A Cônjuge

O Jeito Maduro: "Fiquei realmente envergonhado quando você corrigiu minha gramática na frente daquelas pessoas esta noite. Da próxima vez, eu agradeceria se você me corrigisse em particular".

O Jeito Errado: "Por que você é tão exigente? Você não precisava tentar me fazer parecer mal na frente daquelas pessoas. A gramática deles também não é tão perfeita. Além disso, eles entenderam do que eu estava falando, não é?"

O Jeito Maduro: "Eu me sinto insignificante quando chego em casa do trabalho e você não se levanta do computador para me cumprimentar. Eu ficaria muito satisfeito se você parasse de trabalhar apenas para conversar comigo por alguns minutos".

O Jeito Errado: "Acho que o trabalho é mais importante do que eu. Ora, você não pode interrompê-lo nem mesmo para me dizer olá! Vou começar a agir da mesma maneira para que você veja como é ser ignorado!"

Colaborador Ao Chefe

O Jeito Maduro: "Eu me sinto desvalorizado quando você individualmente elogia ou reconhece a contribuição de todos para o projeto e não diz nada sobre meus esforços. Da próxima vez, gostaria de saber se minha contribuição é valorizada".

O Jeito Errado: "Gostaria que alguém reconhecesse minha contribuição para esses projetos. Ora, todo mundo se aproveita da minha experiência. E o que eu ganho? Nada!"

Resumo

Observe que em cada caso de "Jeito Errado", a parte confrontadora estava julgando, culpando ou acusando o outro de comportamento negativo, em vez de declarar calmamente qual comportamento ele ou ela preferiria. Tais abordagens são contraproducentes quando trabalhamos para superar as atitudes do Abdicador.

Precisamos meditar e adotar Isaías 50.4: "O Senhor Deus me deu uma língua erudita, para que eu saiba dizer a seu tempo uma boa palavra ao que está cansado". Que esta passagem seja seu filtro para escolher suas palavras em cada confronto. Sim, você pode falar com "a língua erudita" e você "dirá uma boa palavra" – as palavras certas no momento certo. Você pode parar de abdicar de sua responsabilidade e começar a expressar suas necessidades.

Seu Desafio

Usando o modelo discutido neste capítulo, escreva uma declaração em primeira pessoa para uma situação que você precisa confrontar. Se você não conseguir pensar em um problema pessoal, ofereça-se para ajudar um amigo ou colega de trabalho a desenvolver tal declaração para um conflito que ele precisa resolver.

6

O Colaborador
"Vamos Encontrar Um Jeito"

Agora chegamos ao meu estilo favorito de gerenciamento de conflitos – o Colaborador. Exceto nos casos em que a sabedoria exige que você dite, se acomode ou abdique, a colaboração é a maneira mais eficaz de resolver a maioria dos conflitos. Quem colabora ao lidar com conflitos o faz cooperando, unindo forças, juntando, participando e colaborando.

Antes de falarmos sobre o Colaborador, vamos discutir brevemente sobre a pessoa que confronta de forma ineficaz, que tenta focar o problema indiretamente. Suas ações vão desde fazer insinuações, fazer piadas sutis ou comentários sarcásticos, ou apenas falar para o ar quando o ofensor está por perto. Ele espera que o ofensor entenda a mensagem. Mas mesmo que ele entenda a mensagem, não apreciará a abordagem indireta.

Aqueles que colaboram ou trabalham juntos para um propósito comum demonstram maturidade espiritual e emocional. Porque o Colaborador se preocupa com o relacionamento, com o bem-estar da outra pessoa ou com os objetivos organizacionais, ele se sente compelido a confrontar. Ele não fica "dando voltas pelo aeroporto" em questões problemáticas; ele "pousa o avião". Ele é emocionalmente equilibrado o suficiente para não temer as reações ou as consequências de um confronto.

> *As pessoas que confrontam diretamente sabem o que desejam e não têm medo de persegui-lo.*

As pessoas que confrontam diretamente sabem o que desejam e não têm medo de persegui-lo. Os Colaboradores não são intimidados por posição, educação, posses ou políticas. Eles são emocionalmente seguros. Os cristãos devem ser as pessoas mais seguras e confiantes em qualquer situação, como nos lembram as duas passagens a seguir: "Se Deus é por nós, quem será contra nós?" (Romanos 8.31), e "O Senhor é a minha luz e a minha salvação; de quem terei medo?" (Salmos 27.1).

"Pedir o Que Você Quer" – As Filhas de Zelofeade

As cinco filhas de Zelofeade fornecem um grande modelo de como conduzir um confronto eficaz. Os israelitas estavam prestes a possuir a Terra Prometida. As filhas de Zelofeade estavam bem cientes das diretrizes que haviam sido estabelecidas para a distribuição da terra entre as várias tribos. No entanto, elas achavam que essas leis, que destinavam terras apenas aos homens, eram injustas, pois lhes negavam a capacidade de herdar a propriedade de seu falecido pai. Elas decidiram confrontar Moisés e os anciãos sobre a injustiça da lei.

> Nosso pai morreu no deserto e não estava entre os que se ajuntaram contra o Senhor na congregação de Coré, mas morreu no seu próprio pecado e não teve filhos. Por que se tiraria o nome de nosso pai do meio da sua família, por não ter tido filhos? Dá-nos possessão entre os irmãos de nosso pai (Números 27.3-4).

Moisés, não sendo um Ditador, apresentou o caso delas diante de Deus. Eu amo a resposta Dele: "Falou o Senhor a Moisés: 'As filhas de Zelofeade falam retamente. Certamente lhes darás possessão de herança entre os irmãos de seu pai, e a herança de seu pai farás passar a elas'" (Números 27.6-7).

Estas foram algumas mulheres corajosas que tomaram o assunto em suas próprias mãos. Elas não tinham homens em suas vidas para falarem em seu nome – sem pai, sem maridos, sem irmãos e sem filhos. Sim, elas tinham tios, mas era improvável que eles apoiassem as mulheres em seu pedido, pois estavam pedindo uma terra que, segundo o plano atual, ficaria sob responsabilidade dos tios (v. 4).

Podemos aprender várias lições com as ações delas.

Lição Um: Elas foram diretamente para as pessoas que poderiam mudar a situação.

Já fazendo parte de uma multidão propensa a resmungar, elas poderiam facilmente ter percorrido o acampamento resmungando e reclamando das desigualdades de sua situação (muitas vezes me perguntei se elas eram as únicas nessa situação). A ida delas diante de Moisés e de toda a congregação equivalia a uma audiência no Congresso, e não uma audiência para a qual foram convocadas, mas uma que elas convocaram! Deve ter sido necessária uma coragem tremenda para serem tais pioneiras.

Lição Dois: Elas foram muito claras sobre o que queriam.

Muitas vezes, em um conflito, não articulamos o que queremos que aconteça ou que pare de acontecer. Às vezes, não sabemos bem o que queremos e, portanto, confrontamos prematuramente. Mas este não foi o caso das filhas de Zelofeade. Elas queriam o mesmo tipo de alocação que seus tios haviam recebido.

Observe que não houve evidência de qualquer hostilidade da parte delas; elas simplesmente pediram o que queriam. O confronto não precisa ser hostil!

Lição Três: Elas não foram dissuadidas por políticas estabelecidas ou por tradição.

Obviamente, Deus havia dado a Moisés a ordem de distribuir a terra apenas para aqueles homens que haviam sido numerados (Números 26) e que assim ajudariam a conquistar a Terra Prometida. As mulheres não eram numeradas. As filhas de Zelofeade estavam pedindo a Deus para mudar a política. Até Deus pode ser flexível quando se trata de cumprir o destino divino.

Quantas vezes você saiu desapontado ao saber que algo que acabou de solicitar é contra a política da empresa? Tal afirmação é sempre minha deixa para levar minha necessidade ao próximo nível de gerenciamento. Não tenha medo de pedir para ser a exceção à política. "Nada tendes, porque não pedis" (Tiago 4.2). Raramente aceito um não como resposta. A perseverança é um bom traço de caráter que vale a pena desenvolver. Ela também faz maravilhas para sua autoestima e confiança. Além disso, nunca receberemos alguns benefícios ou concessões, a menos que as peçamos.

Lição Quatro: Elas fizeram seu pedido no momento apropriado. Poderíamos minimizar e até evitar possíveis conflitos se nos manifestarmos enquanto ainda há tempo para agir.

> *O avisado vê o mal e esconde-se, mas os simples passam e sofrem a pena. (Provérbios 27.12)*

As Cinco Filhas de Zelofeade falaram enquanto ainda estavam no deserto; a terra ainda não tinha sido conquistada. Não há nada melhor do que um planejamento prudente. Não podemos nos dar ao luxo de ficar sentados e presumir que todos estão pensando em nosso bem-estar. Depois que os aumentos forem anunciados, não é hora de pedir aumento ao seu chefe!

Nossa coragem para confrontar muitas vezes pode melhorar a qualidade de vida, não apenas para nós mesmos, mas também para os outros. Não apenas as filhas receberam uma herança na Terra Prometida, mas Deus também instruiu Moisés a mudar as regras para as gerações futuras.

> Falarás aos filhos de Israel: Quando alguém morrer e não tiver filho, fareis passar sua herança a sua filha. E, se não tiver filha, dareis sua herança a seus irmãos. Porém, se não tiver irmãos, dareis sua herança aos irmãos de seu pai. (Números 27.8-10)

Você não está feliz que Moisés não era um Ditador? Ele poderia facilmente ter dito: "Desculpe, a política está definida. Vocês, mulheres, voltem para casa e não causem mais problemas". Em vez disso, ele levou o caso a Deus, que deixou claro que Ele é a favor dos direitos das mulheres. Poderia ter passado muitos séculos antes que as mulheres pudessem possuir terras se não fosse por essas filhas corajosas.

LIÇÃO CINCO: As mulheres mantiveram uma atitude de benefício mútuo. Justamente quando pensaram que era seguro exalar sua grande vitória, elas descobrem que o conflito ainda não havia acabado. Os tios mais tarde tentaram recorrer da decisão. O plano revisto não era do seu interesse. Se as filhas de Zelofeade se casassem fora da tribo, suas terras aumentariam as posses das tribos de seus maridos. Tal enfraquecimento não pode ser permitido. Era hora de voltar à mesa de negociações, e Deus tomou outra decisão marcante:

> Então Moisés falou aos filhos de Israel, conforme o mandado do Senhor: A tribo dos filhos de José fala bem. Esta é a palavra que o Senhor mandou acerca das filhas de

Zelofeade: Sejam por mulheres a que bem parecer aos seus olhos, contanto que se casem na família da tribo de seu pai. Assim, a herança dos filhos de Israel não passará de tribo em tribo, pois os filhos de Israel se chegarão cada um à herança da tribo de seus pais. Qualquer filha que herdar alguma herança das tribos dos filhos de Israel se casará com alguém da geração da tribo de seu pai, para que os filhos de Israel possuam cada um a herança de seus pais. Assim, a herança não passará de uma tribo a outra, pois as tribos dos filhos de Israel se chegarão cada uma à sua herança. Como o Senhor ordenara a Moisés, assim fizeram as filhas de Zelofeade; pois Macla, Tirza, Hogla, Milca e Noa, filhas de Zelofeade, casaram com os filhos de seus tios. (Números 36.5-11)

Se essa situação tivesse ocorrido na sociedade litigiosa de hoje, essas mulheres poderiam ter dito: "Espere, um acordo é um acordo. Isso parece uma quebra de contrato. Chame os advogados!" Mas não, elas demonstraram flexibilidade e um acordo mutuamente satisfatório foi alcançado.

Para resolver com sucesso um conflito em que ambos os lados têm argumentos legítimos, é fundamental que todas as partes mantenham atitudes de benefício mútuo. Tal foi o caso aqui. As filhas ainda receberiam sua herança, e os tios não teriam que se preocupar com a diluição da herança tribal.

"Comer Ou Não Comer Kosher[7]" – Daniel Versus O Rei

Quando o rei Nabucodonosor da Babilônia (atual Iraque) sitiou Jerusalém, ele levou muitos judeus cativos. Entre eles

---

7   O termo kosher designa os alimentos que foram preparados de acordo com as leis judaicas de alimentação, de origem bíblica. (N. do T.)

6. O Colaborador

estavam vários jovens bonitos e inteligentes de descendência real. Eles foram imediatamente inscritos em um programa de treinamento de três anos que os prepararia para servir ao rei. Seu regime nutricional incluía comida e vinho da mesa do rei.

Daniel, um dos cativos, sabia que um confronto era inevitável porque ele já havia proposto em seu coração que não ia ingerir nenhuma comida ou bebida que fosse proibida ou preparada inadequadamente de acordo com a lei de Deus para os israelitas (Levítico 11). Sim, o rei havia mudado seus nomes, mas Daniel não estava disposto a permitir que ele mudasse seu caráter nem seu compromisso de guardar os mandamentos de Deus.

Então ele procurou um plano alternativo. Ele perguntou ao supervisor se ele e seus três amigos poderiam seguir uma dieta vegetariana em vez do menu real. É claro que esse pedido colocou o supervisor em uma posição difícil, pois sua vida estaria em jogo se algum dos jovens parecesse desnutrido. Ele desaprovou a ideia no início, mas finalmente concordou quando Daniel lhe pediu para tentar por apenas dez dias e comparar sua aparência física com os jovens que comiam a comida do rei. "Ao cabo dos dez dias, o semblante deles era melhor, e eles estavam mais nutridos do que todos os jovens que comiam porção do manjar do rei. Desta sorte, o despenseiro lhes tirou a porção do manjar e o vinho de que deviam beber e lhes dava legumes" (Daniel 1.15-16).

A sabedoria política e a maturidade espiritual de Daniel serviram-lhe bem na terra de seu cativeiro. A sabedoria e o respeito com que ele se aproximou do supervisor com seu pedido merecem um estudo mais atento. Embora ele tivesse decidido que não participaria da comida do rei, ele *pediu* (v. 8) permissão para seguir a dieta vegetariana. Sua abordagem humilde garantiu ao supervisor que Daniel respeitava sua autoridade e estava longe de ser rebelde.

Muitos cristãos têm sido desprezados e até desfavorecidos no local de trabalho, não por sua postura piedosa, mas pela forma *como* a comunicaram aos responsáveis: "Eu não vou a festas onde os pagãos estão bebendo!" Onde está a sabedoria nisso?

Daniel demonstrou sabedoria adicional ao oferecer uma *alternativa* de benefício mútuo à dieta do rei. Mas é importante lembrar que não foi a astúcia de Daniel que fez com que o supervisor desse uma chance à sua proposta; foi *a graça* de Deus (v. 9). Embora possamos buscar o mais alto nível de competência e aprimorar nossa comunicação e outras habilidades para fazer bem um trabalho, em última análise, é Deus quem nos dá o favor do homem. Nunca devemos esquecer esta realidade.

Devemos nos lembrar de pedir tal favor a Deus. Ele muitas vezes me concedeu favores de pessoas que eu menos esperava e com quem até tive uma relação contenciosa. Quando fui promovida a vice-presidente em um grande conglomerado de entretenimento, meu chefe, que fez a recomendação ao conselho de administração, havia me causado muito sofrimento no passado. No entanto, Deus me concedeu um favor dele no momento certo para alcançar Seu propósito. Quem pode saber o que Deus pretende?

> *"Como ribeiros de águas, assim é o coração do rei na mão do Senhor; a tudo quanto quer o inclina"* (Provérbios 21.1).

Seu Desafio

Considere quais mudanças em seu comportamento fariam de você um melhor jogador de equipe em seu círculo de interação pessoal ou profissional. Por exemplo, você precisa ser mais respeitoso com a autoridade, valorizar a opinião dos outros ou se comunicar com mais clareza?

Parte 3

Estratégias Para Um Confronto Efetivo

7

Preparar-se Para O Confronto

Ninguém nasceu com uma capacidade inata de confrontar conflitos interpessoais de forma eficaz. É uma habilidade que é aprendida e aperfeiçoada através da prática e paciência. Assim como um fisiculturista desenvolve um ótimo físico usando técnicas corretas de levantamento de peso, um grande comunicador deve aplicar as técnicas certas para alcançar os resultados desejados na resolução de conflitos. É claro que nenhum atleta tenta levantar pesos pesados ou praticar exercícios intensos sem antes aquecer os músculos. O aquecimento é fundamental para o treino, pois minimiza o risco de lesões e aumenta o desempenho muscular geral.

Ninguém nasceu com uma capacidade inata de confrontar conflitos interpessoais de forma eficaz.

E assim é com um confronto. É muito parecido com o levantamento de peso, pois pode ser doloroso, mas benéfico quando feito corretamente. Ele também precisa de uma fase de aquecimento para minimizar o risco de danos às emoções e relacionamentos. Este capítulo trata dos passos de aquecimento que você deve seguir para garantir que atinja o propósito do confronto.

Estabeleça o Propósito Certo

O primeiro passo na preparação para um confronto é estabelecer o propósito certo para colocar a questão na mesa. O foco deve ser alcançar um relacionamento melhor ou fazer com que alguém pare de fazer algo que está afetando negativamente você, os outros ou a si mesmo. O objetivo não deve ser repreender alguém, tirar algo do seu peito ou jogar a culpa no ofensor.

É importante confrontar a si mesmo primeiro. Seja honesto sobre o motivo de decidir confrontar o problema. Você tem um motivo oculto ou quer ver uma mudança genuína de comportamento? Você está assumindo a ofensa de outra pessoa?

Pergunte a si mesmo: "Quando esse confronto terminar, que comportamento eu quero que o ofensor mude?" Lembre-se de que, em um confronto eficaz, você está procurando um resultado desejado. Confrontar e resolver um problema para a glória de Deus deve ser o objetivo final.

Escolha o Momento e o Lugar Certo

Há um tempo para tudo. Há um tempo para confrontar e um tempo para não confrontar. É preciso sabedoria e paciência para esperar o momento apropriado. Você não vai querer confrontar logo antes do almoço ou na hora de sair ou sempre que a pessoa estiver preocupada com outro assunto. Confrontar quando a pessoa está mais receptiva a uma discussão séria exige alguma previsão e planejamento.

Esposa, quando seu marido chegar do trabalho, dê a ele espaço para se acomodar antes de bombardeá-lo com os problemas do dia. Marido, não espere chegar ao evento para dizer à sua esposa que não gostou da roupa que ela está usando. Diga a ela quando ela ainda pode fazer algo sobre isso!

Faça todos os esforços para confrontar uma pessoa quando ela estiver sozinha, assim como Jesus ordenou: "Se teu irmão pecar contra ti, vai e repreende-o particularmente" (Mateus 18.15). Confrontar alguém na presença de outro pode fazer com que ele se torne defensivo para salvar sua reputação.

Uma vez que a essência do confronto é o encontro face a face, os confrontos por telefone não são os mais desejáveis. Com os recursos de chamada em espera, as chamadas recebidas podem interromper o andamento da conversa. O contato pessoal direto permite que você observe as expressões faciais da outra pessoa e ouça de forma mais eficaz.

Se você tem algo muito pesado para dizer a alguém, não é uma boa ideia fazer o confronto na casa dele ou na sua. É melhor selecionar um local neutro propício para uma boa conversa. Será mais fácil para o confrontado ir embora se ele se tornar beligerante. Sempre existe a possibilidade de isso acontecer. Às vezes, você tem que perder pessoas temporariamente para conquistá-las mais tarde.

> *Quem repreende o homem achará depois mais favor do que aquele que lisonjeia com a língua. (Provérbios 28.23)*

Devemos estar dispostos a correr o risco.

Escrever uma carta pode ser melhor do que um confronto cara a cara se a pessoa a ser confrontada tiver uma personalidade forte e você tiver certeza de que não conseguirá dizer uma palavra. Encorajo a escrita de cartas apenas como último recurso.

Preparar-se para o confronto é quase tão importante quanto o próprio confronto. Confrontar alguém espontaneamente ou sem qualquer preparação pode ter resultados desastrosos. A preparação permite que você veja a situação com mais clareza e não no meio de um momento emocional, e isso provavelmente levará a um encontro mais eficaz. Apenas lembre-se de que a oração é sempre a melhor preparação.

Seu Desafio

Ao se preparar para confrontar um conflito interpessoal, é importante que você lide primeiro com suas emoções negativas, como raiva ou ressentimento. Embora você possa considerá-las justificáveis, se você não as afastar pelo poder do Espírito Santo, elas se tornarão um obstáculo para alcançar a harmonia. Você também deve se recusar a sucumbir ao medo de abordar o problema, para não abandonar toda a ideia de iniciar um confronto.

8

Assumir o Problema

Assumir o problema é um aspecto chave de um confronto. Você deve falar em seu próprio nome. Deve explicar como o comportamento de uma pessoa lhe afetou ou como você percebe o problema. Esta é uma abordagem direta que mostra sua força. No ambiente de trabalho, é especialmente importante descrever o impacto que o problema está causando em você e nos outros.

Não assumir o problema quando você tem um problema com o comportamento de outra pessoa é um ato covarde.

Já vi pessoas tentando confrontar dizendo: "Algumas pessoas pensam que você…" em vez de "Notei que você…". Não assumir o problema quando você tem um problema com o comportamento de outra pessoa é um ato covarde.

Certa vez, tive que confrontar um jovem executivo sobre sua gramática ruim. A alta administração da empresa havia feito comentários sobre isso, e isso estava atrapalhando sua carreira. Antes de me aproximar dele, comprei um livro de gramática. Quando me encontrei com ele, imediatamente ficou na defensiva e afirmou que a gestão era injusta e que sua gramática estava boa. Como eu tinha um interesse genuíno em seu sucesso, disse a ele que concordava que sua gramática precisava ser melhorada. Eu reconheci o problema. Dei-lhe o livro e encorajei-o a usá-lo. Mais tarde, ele me agradeceu por como eu havia lidado com o assunto.

Os confrontos nunca são fáceis, mas podem produzir resultados que mudam a vida das pessoas.

"Você Está Prejudicando a Organização" – Rei Aquis Versus Davi

Depois que Davi matou Golias, o povo de Israel o estimou muito e o encheu de elogios (1 Samuel 17-18). Isso irritou o rei de Israel, Saul. Ele viu Davi como uma ameaça ao seu trono e procurou matá-lo. Cansado de se esconder em cavernas e de fugir da ira do rei inseguro, Davi buscou asilo político na terra dos filisteus. Mesmo tendo matado seu campeão, Davi obteve o favor de Aquis, o rei filisteu, que permitiu que ele e seu grupo de 600 homens estabelecessem suas famílias em uma de suas cidades (1 Samuel 27).

Para convencer o rei de sua lealdade a ele, eles fingiam realizar ataques frequentes a várias cidades israelitas. A verdade é que eles invadiram cidades não israelitas e nunca deixaram ninguém vivo para contradizer sua afirmação de que todos os despojos que levaram eram dos israelitas.

Depois de algum tempo com Aquis, o exército filisteu se mobilizou para fazer guerra contra Israel. Quando Davi e seus homens apareceram para a batalha, os comandantes filisteus imediatamente suspeitaram de seus motivos. Eles ficaram horrorizados que o rei Aquis pudesse ser tão crédulo. Ele não percebeu que Davi poderia usar isso como uma oportunidade para recuperar a boa graça do rei Saul, atacando os filisteus na batalha? Eles estavam furiosos com o rei.

> Disseram então os príncipes dos filisteus: Que fazem aqui estes hebreus? Respondeu Aquis aos príncipes dos filisteus: Não é este Davi, o criado de Saul, rei de Israel, que esteve comigo há alguns dias ou anos? Coisa nenhuma achei contra ele desde o dia em que se revoltou até o dia de hoje. Porém, os príncipes dos filisteus muito se indignaram contra ele. Disseram-lhe os príncipes dos filisteus: Faze este homem voltar, e volte ele ao lugar em que tu o puseste, e não desça conosco à batalha, para que não se torne na batalha nosso adversário; pois, com que poderia este agradar a seu senhor? Porventura não seria com as cabeças destes homens? (1 Samuel 29.3-4)

O rei Aquis estava em um dilema. Ele teve que confrontar Davi, em quem ele confiava, em nome de seus comandantes, que queriam que ele fosse dispensado. Ele não poderia falar em seu próprio nome, pois não compartilhava da desconfiança deles. No entanto, a coesão de todo o exército estava em jogo. O rei sabia que tinha que fazer o que era melhor para a organização.

> Então Aquis chamou a Davi e disse-lhe: Vive o Senhor, que tu és reto, e que a tua entrada e a tua saída comigo no arraial são boas aos meus olhos, porque nenhum mal em ti achei, desde o dia em que vieste a mim até hoje; porém aos príncipes não agradas. Volta, pois, agora, e volta em paz. (1 Samuel 29.6-7)

Você não consegue ver a mão de Deus resgatando Davi de sua situação delicada? Imagine o futuro rei de Israel com o sangue de seu próprio povo nas mãos!

Como ex-executiva corporativa, encontrei-me em uma situação semelhante em algumas ocasiões. Tive subordinados que interagiram comigo de forma bastante favorável, mas causavam estragos no departamento por estarem em constante conflito com o resto da equipe. Eventualmente, fui compelida a agir para o melhor interesse da organização. Quando a responsabilidade é nossa, devemos sempre fazer o que é melhor para o bem comum. Uma maçã podre realmente pode estragar a caixa toda.

Posso me identificar com a angústia do rei ao decepcionar Davi. "Nenhum mal em ti achei, desde o dia em que vieste a mim até hoje; porém aos príncipes não agradas" (v. 6). Davi então tentou convencer o rei a deixá-lo ficar – tudo em vão:

> *Então Davi disse a Aquis: Por quê? Que fiz? Ou que achaste no teu servo, desde o dia em que estive diante de ti até o dia de hoje, para que não vá e peleje contra os inimigos do rei, meu senhor? Respondeu, porém, Aquis a Davi: Bem o sei; e que, na verdade, aos meus olhos és bom como um anjo de Deus. Porém, disseram os príncipes dos filisteus: Não suba este conosco à batalha. Agora, pois, amanhã de madrugada, levanta-te com os criados de teu senhor que vieram contigo; e, quando levantardes de madrugada, partireis assim que houver luz. Então Davi se levantou de madrugada com os seus homens, para partirem pela manhã e voltarem à terra dos filisteus; e os filisteus subiram a Jezreel. (I Samuel 29.8-11)*

Esta história fornece duas lições importantes de gerenciamento de conflitos.

LIÇÃO UM: Uma vez que sabemos que tomamos a decisão certa, não devemos nos deixar persuadir do contrário, nem por emoções, nem por personalidades, nem por nossos desejos pessoais. O rei Aquis respondeu a cada uma das refutações de Davi da mesma maneira. Ele simplesmente afirmou que a presença de Davi teria um efeito prejudicial sobre o resto do exército. Portanto, ele teve que deixar o campo de batalha. O rei usou a abordagem do disco arranhado. Isso pode ser muito eficaz quando temos de nos manter firmes.

LIÇÃO DOIS: O confronto deve ser oportuno para minimizar o impacto negativo adicional. Embora o rei Aquis amasse Davi, ele abordou o problema de sua presença antes que qualquer dano real pudesse ser causado.

Muitas vezes toleramos uma situação por muito tempo antes de enfrentá-la. Muitas vezes, danos irreparáveis são causados. Conheço uma igreja onde o pastor permitiu que um membro teimoso afastasse todos os outros obreiros-chave até que quase todos os programas da igreja cessassem. A última vez que ouvi falar desse pastor, ele estava tentando desesperadamente recrutar os membros antigos. Todos tinham ido para pastos mais verdes e mais amigáveis com os trabalhadores.

Seu Desafio

Lembre-se de uma ocasião em que você teve dificuldade em assumir um problema que causou um conflito. Por que você estava relutante em fazê-lo? Que consequências você temia e por quê? Qual poderia ter sido o pior resultado?

9

Falar as Palavras Certas

As palavras são nossas ferramentas de comunicação. Elas nunca morrem. Vivem no coração e na mente do ouvinte. Para manter relacionamentos harmoniosos em todas as facetas de nossas vidas, devemos aprender a usar as palavras de forma eficaz. O Servo do Senhor, o Messias, foi especialmente capacitado por Deus dessa maneira, e creio que Deus também nos capacita para falar palavras que obtenham os resultados desejados:

> O SENHOR Deus me deu uma língua erudita, para que eu saiba dizer a seu tempo uma boa palavra ao que está cansado. Ele desperta-me todas as manhãs, desperta-me o ouvido para que eu ouça, como aqueles que aprendem. (Isaías 50.4)

A oração é essencial neste ponto. Você deve ter a mente e a perspectiva de Deus sobre o assunto e pedir a Ele as palavras exatas para usar.

> Assim será a palavra que sair da minha boca; ela não voltará a mim vazia; antes, fará o que me apraz e prosperará naquilo para o que a enviei. (Isaías 55.11)

Quaisquer que sejam as palavras que você decida usar, saiba que o tom que você as fala determinará como suas palavras serão recebidas. O tom é a manifestação externa do seu estado de espírito atual. Se você estiver carrancudo por dentro, a carranca se unirá às suas palavras. Se você estiver otimista, suas palavras transmitirão esperança. É simples assim. É por isso que você deve orar e pedir a Deus para purificar seus pensamentos e limpá-los de toda amargura e mal-entendido. Somente depois de Deus purificar seus pensamentos e ajudá-lo a afastar sua ira, você estará pronto para lidar com o comportamento problemático.

> *O tom é a manifestação externa do seu estado de espírito atual.*

Seja Específico

Ao confrontar outras pessoas, é importante descrever especificamente o que você observou ou experimentou. Fazer rodeios ou dar voltas sabotará o resultado. Ser evasivo pode fazer com que a ideia principal se perca ou pode levar a um mal-entendido do que você está tentando dizer. Se você está confrontando Sally sobre seu comportamento de paquera, não é suficiente dizer a ela para ter mais sabedoria com o marido de outra mulher. Você precisa dizer: "Sally, tenho certeza de que você não quis fazer nenhum mal, mas foi inapropriado você ajustar a gravata de Jim como fez no domingo". Sally merece saber as acusações específicas feitas contra ela.

Se seu chefe não lhe informou sobre uma reunião que envolvia seu departamento, você pode dizer: "Mary, minha exclusão da reunião de quarta-feira causou alguns problemas reais. Eu gostaria de discuti-los com você". Em seguida, liste as consequências específicas, como a incapacidade de cumprir um prazo devido a informações inadequadas. Falar em termos gerais simplesmente não é eficaz. Também torna mais fácil para alguém negar qualquer irregularidade ou interpretar mal a mensagem.

A História de Jenny

Jenny, esposa de um pastor, se viu em um dilema. Susan, uma cristã atraente, desenvolveu um fardo para a primeira família – mais especificamente, para Bob, o pastor. Ela lhe trazia presentes especiais que muitas vezes não podiam ser compartilhados pela família. Ela ligava para ele em casa ocasionalmente para conversas sobre ânimo. Jenny ficou cada vez mais desconfortável com a familiaridade de Susan com o marido, mas manteve a calma. Ela temia que Bob ficasse chateado e a acusasse de ser insegura e neurótica. "Talvez", Jenny meditou, "minha insegurança tenha aumentado desde que ganhei esse peso extra". Ela orou com seu parceiro de oração, que a incentivou a discutir o problema com Bob. Claro, Bob parecia alheio às pequenas inconveniências de Susan.

Um dia, Jenny foi chamada para ajudar um parente doente que morava fora da cidade. Ao voltar para casa vários dias depois, ela entrou na cozinha e encontrou Susan preparando o jantar para a família! Jenny estava furiosa, mas não disse nada a Susan. Ela educadamente agradeceu por seus esforços para ajudá-los. Mais tarde naquela noite, ela confrontou Bob sobre toda a situação. Ele ficou surpreso por Jenny ter tido quaisquer pensamentos negativos sobre os motivos de Susan. Ele tinha certeza de que ela estava apenas tentando ajudar, e rejeitou a sugestão de Jenny de que ele falasse com ela. Consequentemente, Susan continuou seu comportamento imprudente.

Finalmente, Jenny decidiu que a situação já tinha ido longe demais para ela. Ela estava começando a se ressentir de Bob por minimizar sua preocupação e sentiu uma profunda raiva de Susan por sua insensibilidade e falta de sabedoria. Jenny ficou quieta para manter a "paz", mas estava longe de experimentar a paz interior. Ela sabia o que tinha que fazer.

Ela ligou para Susan em seu escritório e perguntou se elas poderiam se encontrar. Quando se encontraram, a essência da conversa foi a seguinte:

Jenny: "Obrigada, Susan, por tirar um tempo da sua hora de almoço para me ver".

Susan: "Ah, não tem problema. Estou sempre disponível para você e o pastor Bob".

Jenny: "Eu sei, eu sei. Aliás, é sobre isso que quero falar com você. Preciso que você me ajude a proteger a reputação do meu marido. Tenho certeza de que você não está ciente disso, mas notei várias ações de sua parte que fariam com que eu e outros olhássemos com desconfiança para Bob. Por exemplo [incidentes específicos anotados]. À luz disso, achei que deveria falar com você sobre eles".

Susan: "Estou chocada [lágrimas, lágrimas] que você se sinta assim! Eu só estava tentando ser útil a vocês dois. Eu nem vou falar com ele de novo se isso lhe deixa feliz. Sinto muito por eu ter me excedido [mais lágrimas]".

Jenny: "Eu não vim aqui para lhe chatear. Eu só queria que você soubesse o efeito que seu comportamento estava tendo em mim e o impacto potencial no ministério de Bob. Espero que possamos continuar a manter um relacionamento que honre a Deus e que seja mutuamente recompensador. Você se importa se orarmos juntas agora?"

A história acima é verdadeira, embora os nomes tenham sido alterados. Aplaudo Jenny por sua iniciativa e pela maneira calma e madura com que conduziu o confronto. No entanto, Bob deveria ter lidado com a situação. Mesmo sendo pastor e líder espiritual, seu estilo é evitar conflitos. Ele é um Abdicador (ver capítulo 5). Observe que Jenny assumiu o problema. Ela não disse: "Alguns membros estão falando". Ela não acusou. Ela simplesmente explicou como o comportamento de Susan a estava afetando.

Use a Abordagem Sanduíche

Conduzir um confronto eficaz é muito parecido com preparar um sanduíche de bife. Um sanduíche básico consiste em pão, carne e outro pedaço de pão. O pão torna o ato de comer o sanduíche mais prazeroso. O bife é a "carne da questão", o verdadeiro motivo do confronto.

O pão é uma afirmação positiva que estabelece as bases para o confronto. Afirma o valor da pessoa e seu compromisso com o relacionamento. A afirmação deve ser verdadeira e não bajulação vazia. Por exemplo, antes de Beth dizer ao marido que ela precisa de mais atenção pessoal dele, ela pode dizer: "John, eu realmente aprecio o bom provedor que você é. Eu nunca tenho que me preocupar com as contas que estão sendo pagas. Seu senso de responsabilidade me dá um grande conforto". Tal afirmação certamente fará com que John seja mais receptivo para ouvir o que está deixando sua esposa infeliz. Ela continua: "Eu preciso de mais carinho de você…" Lembre-se de não dizer "*mas*" ou "*no entanto*" depois do pão; essas palavras agem como borrachas gigantes que apagam o que acabou de ser dito.

Às vezes, o pão é mais eficaz quando colocado na forma de uma pergunta aberta. Certa vez, conhecemos uma das primas de Darnell, uma mulher da Geórgia de vinte e poucos anos. Quando ela visitou nossa igreja, notamos que ela estava exuberante e receptiva à mensagem do pastor durante o culto. Fomos almoçar mais tarde e nos divertimos muito. Quando ela nos disse que não ia à igreja regularmente, eu disse brincando: "Se soubéssemos que você era uma pagã, não teríamos convidado você para almoçar". (Agora entenda que Darnell e eu usamos regularmente esse termo de brincadeira para nos referirmos a cristãos rebeldes, e a conversa tinha sido alegre o dia todo).

Ela ficou ofendida com o comentário, mas eu admirei como ela lidou com isso. Cerca de uma hora depois – tudo bem, então ela se irritou um pouco – ela me perguntou: "Deborah, o que você quis dizer com o termo *pagã?*" Quando expliquei que o usamos de brincadeira, ela me disse que achava ofensivo. Pedi desculpas e fiz uma nota para incluir o incidente neste livro. Observe que ela obteve esclarecimentos sobre minhas intenções antes de tirar uma conclusão.

Ao usar a abordagem do sanduíche, é importante incluir os dois pedaços de pão. Isso permite que você feche o confronto de forma positiva. Expresse seu compromisso de trabalhar em direção a um relacionamento positivo. A pessoa deve sair do confronto sabendo que você está rejeitando o comportamento dela, e não ela pessoalmente.

Para reiterar, o pão de abertura e o pão de fechamento são uma necessidade absoluta para tornar a carne do sanduíche mais digerível. No entanto, o ofensor provavelmente se concentrará na carne – ou no que ele percebe como o aspecto negativo do confronto. Portanto, dê ênfase no pão, mas mantenha a sinceridade.

Criticando de Forma Construtiva

Ninguém gosta de receber ou de dar críticas. Assim como as palavras *dieta* e *confronto*, a palavra *crítica* tem uma má reputação por causa de sua associação com situações negativas. Mas a definição de crítica é "o ato de fazer um julgamento baseado em análise e avaliação". Para aprender a receber e a fazer críticas como um profissional, você deve mudar sua mentalidade sobre o propósito da crítica.

Aprendi que críticas boas e construtivas podem me fornecer informações que posso usar para crescer. Informação é poder. Se eu tiver informações sobre como sou percebido ou como meu comportamento está afetando as pessoas ao meu redor, posso atingir meus objetivos pessoais e de negócios com mais eficiência.

Obviamente, a crítica deve ser construtiva. Comentários negativos sobre o caráter ou julgamento de uma pessoa não constroem, mas derrubam. Nunca coloque outra pessoa para baixo. Quando você zomba, menospreza ou ridiculariza alguém, especialmente na frente dos outros, acaba de criar um inimigo. Tenha sempre o cuidado de preservar a dignidade da outra pessoa, cristã ou não cristã. Faça aos outros o que gostaria que fizessem a você.

Certa vez eu estava no escritório de um cliente e presenciei um terrível confronto entre dois cristãos do sexo oposto. Ela atacou sua masculinidade; ele atacou sua feminilidade. O resto da equipe ficou atordoado e consternado com a explosão. Como cristã, fiquei envergonhada. Satanás obteve uma vitória.

Em qualquer resposta ao conflito, o foco deve estar sempre no comportamento da pessoa, não na *própria pessoa*, ou seja, sua personalidade, julgamento ou caráter. Quanto mais maduros espiritualmente somos, mais capazes somos de separar uma pessoa de seu comportamento. Deus deu o exemplo. Ele odeia o pecado, mas ama o pecador. Quando Jesus confrontou a mulher flagrada em adultério, Ele disse a ela que não a condenava. Mas Ele também a aconselhou dizendo "vá e não peques mais" (João 8.11). Ele separou seu pecado de sua personalidade.

Não se apresse em fazer uma acusação. Tire um tempo para obter os fatos. Ouça com a mente aberta. A capacidade de ver os dois lados de uma questão pode torná-lo um grande pacificador e uma fonte confiável de total objetividade.

"Não É Bom O Que Fazes" – Jetro Versus Moisés

Os israelitas finalmente escaparam das garras do rei do Egito, mas a vida ainda não era um piquenique — para eles ou para Moisés, seu libertador. Os problemas abundavam.

> Aconteceu que, no dia seguinte, Moisés assentou-se para julgar o povo. O povo estava em pé diante de Moisés desde a manhã até a tarde. Vendo, pois, o sogro de Moisés tudo o que ele fazia ao povo, disse: Que é isto que fazes ao povo? Por que te assentas só e todo o povo está em pé diante de ti desde a manhã até a tarde? Então respondeu Moisés a seu sogro: É porque este povo vem a mim para consultar Deus. Quando têm algum negócio, vêm a mim para que eu julgue entre um e outro e lhes declare os estatutos de Deus e suas leis. O sogro de Moisés, porém, lhe disse: Não é bom o que fazes. Totalmente desfalecerás, tu e este povo que está contigo, porque este negócio é mui difícil para ti. Sozinho, não o podes fazer. Ouve agora minha voz. Eu te aconselharei, e Deus será contigo. (Êxodo 18.13-19)

9. Falar as Palavras Certas

Aqui temos um vislumbre da parte administrativa da vida no deserto. Vemos Moisés em seus novos papéis como intérprete das leis de Deus e consultor de conflitos, entre outras coisas. Moisés era obviamente um homem de grande paciência e disciplina para poder sentar o dia todo e ouvir os problemas da multidão. Graças a Deus pela intervenção de seu sogro Jetro. Podemos aprender as seguintes lições do confronto de Jetro com Moisés sobre seu comportamento autodestrutivo.

LIÇÃO UM: Podemos criticar com mais facilidade quando conquistamos o direito de fazê-lo.

Jetro não era apenas o sogro de Moisés; ele era seu antigo empregador (Êxodo 3.1) que voluntariamente libertou Moisés para retornar ao Egito para libertar os israelitas (Êxodo 4.18). Ele proveu para a família de Moisés até que os israelitas estivessem em segurança no deserto, e então os reuniu com Moisés (Êxodo 18.5). Estava sinceramente feliz por toda a bondade de Deus para com Israel. Ele não invejava que Moisés tivesse sido exaltado a uma posição tão honrosa como o chefe de todo o Israel. Ele não estava procurando maneiras de ser crítico. Ele se preocupava com Moisés e seu bem-estar.

Um amigo próximo, que afirma ser cristão, me disse que estava no limite com sua filha rebelde de 11 anos. Estando familiarizada com seu problema de controle da raiva, perguntei a ele como responde a ela quando ela resiste ou desobedece. Ele confessou que às vezes suas ações beiravam o abuso físico. Eu disse que ele parecia fora de controle e precisava entrar em aconselhamento imediatamente com sua filha. "Bem, talvez sim. Vou ver", disse.

Respondi sem hesitar: "Olha, vou procurar um terapeuta e marcar uma consulta para você imediatamente. É isso!"

Eu sabia que poderia ser inflexível com ele porque ele sabe, sem sombra de dúvida, que tenho uma preocupação genuína com seu bem-estar.

Lição Dois: A crítica é mais eficaz quando associada a uma sugestão ou recomendação específica de melhoria.

Dizer a alguém: "O que você está fazendo não é bom" pode ser muito frustrante para a pessoa se ela estiver fazendo tudo o que sabe fazer. Jetro deu a Moisés uma recomendação concreta e viável. Ele também a deu da maneira correta, não como um mandato, mas como uma opção pela qual Moisés deveria orar e apresentar a Deus.

> Representa o povo diante de Deus, leva suas causas a Deus, declara-lhes os estatutos e as leis e ensina-lhes o caminho em que devem andar e a obra que devem fazer. Procura, dentre o povo, homens capazes, tementes a Deus, homens de verdade, que aborreçam a avareza. Põe-nos sobre eles por maiorais de mil, maiorais de cem, maiorais de cinquenta e maiorais de dez. Para que julguem este povo em todo o tempo. Que todo negócio grave tragam a ti, mas todo negócio pequeno julguem eles próprios. Assim, a ti mesmo te aliviarás da carga, e eles a levarão contigo. Se isto fizeres, e Deus assim te ordenar, poderás então subsistir; assim também todo este povo irá em paz para o seu lugar. (Êxodo 18.19-23)

Observe que Jetro explicou como a recomendação beneficiaria Moisés, bem como a multidão. Não foi uma tentativa de manipulação. Jetro tinha uma preocupação genuína com o bem-estar de Moisés.

Lição Três: Nunca devemos nos tornar grandes demais ou importantes demais para sermos ensináveis.

Moisés aceitou prontamente o conselho de Jetro, embora Jetro não tivesse o relacionamento face a face com Deus que Moisés desfrutava. Moisés não permitiu que o orgulho reinasse em sua vida. Ele era o homem mais manso da face da terra (Números 12.3).

Recebendo Críticas

Para algumas pessoas, a crítica construtiva pode ser difícil de receber porque as força a reconhecer sua falibilidade. Quando estabelecemos uma reputação como modelo, uma pessoa de excelência e alguém que as pessoas procuram em busca de conhecimento e sabedoria, pode ser doloroso encarar o fato de que ocasionalmente podemos estar errados. Acreditamos em nossa própria publicidade; compramos a imagem que os outros têm de nós. Gostamos dessa posição no topo do pedestal. Um dos nossos maiores medos é o medo de cair. Tentar viver de acordo com essa imagem perfeita pode ser bastante estressante e pode fazer com que não façamos esforços que recompensariam e beneficiariam os outros.

Vários anos atrás, tive sonhos recorrentes de estar no topo ou perto do topo de um prédio alto e à beira de cair. Muitas vezes eu acordava com uma sensação de pânico. Depois de alguma introspecção, finalmente reconheci que tinha medo de alcançar um grande sucesso. Eu temia não ser capaz de mantê-lo e, assim, experimentar a humilhação de um grande fracasso.

Por mais difícil que seja admitir, muitas vezes você pode se encontrar tentando permanecer no pedestal onde pessoas bem-intencionadas lhe colocaram. Que lugar estressante. Você deve tomar a decisão de descer de lá com calma e se juntar à companhia de outros humanos falíveis e em busca de excelência. O lugar no pedestal pertence somente a Deus.

Rejeitando a Crítica Destrutiva

Se você é a pessoa que está sendo confrontada, é importante lembrar que nem todas as críticas são construtivas e, portanto, não precisam ser aceitas. Alguém pode querer derrubá-lo, diminuir sua autoestima ou manipulá-lo para aceitar sua maneira de pensar. Você deve criar o hábito de analisar o motivo de uma pessoa que lhe critica. Faça a si mesmo estas perguntas instigantes:

- No passado, essa pessoa demonstrou uma preocupação genuína com meu desenvolvimento pessoal?
- O que ela tem a ganhar pessoalmente se eu implementar o comportamento que ela está me recomendando? O que eu tenho a ganhar? O que eu tenho a perder?
- A atitude dela é de ajuda ou estou me sentindo atacado ou humilhado? Não confunda a frustração de uma pessoa pelo seu comportamento com um ataque.
- Depois que ela me critica, eu me sinto um fracasso sem esperança, ou ela expressa fé na minha capacidade de mudar?
- Ela está comprometida a estar ao meu lado durante a mudança?

Se você concluir que uma pessoa está no caminho da crítica destrutiva, simplesmente diga: "Obrigado por sua contribuição. Vou pensar sobre isso". Não há necessidade de verbalizar sua conclusão sobre os motivos dela – a menos que o comportamento dela se torne um padrão (é importante confrontar padrões negativos de comportamento). "Bem", você pode perguntar, "o que eu digo para a sra. Negativa?" Uma resposta simples e sem emoção, como "Estou aberto a recomendações específicas que me ajudarão", é sua melhor opção.

Admita os Erros e Siga em Frente

O rei Davi fornece um bom modelo de como seguir em frente após um erro. Em 2 Samuel 12, o profeta Natã confrontou o rei sobre o adultério que ele havia cometido com Bate-Seba, esposa de Urias, um oficial do exército de Davi. Bate-Seba havia concebido e, em sua tentativa de encobrir seu pecado, Davi mandou assassinar o marido dela em batalha. Observe sua resposta quando Natã o confrontou sobre suas ações.

> *Então disse Davi a Natã: 'Pequei contra o* SENHOR'.
> *Respondeu Natã a Davi: 'Também o* SENHOR *perdoou o teu pecado. Não morrerás. Todavia, porque com este feito deste lugar sobremaneira a que os inimigos do* SENHOR *blasfemem, também o filho que te nasceu certamente morrer'. (2 Samuel 12.13-14)*

O rei Davi não deu desculpas por seu comportamento. Ele poderia ter culpado Bate-Seba por tentá-lo tomando banho onde ele pudesse vê-la do telhado de seu palácio. Ele poderia ter racionalizado que estava sobrecarregado com o estresse e as pressões de ser rei. Mas não, ele simplesmente disse: "Eu pequei". A capacidade de qualquer um – o poderoso ou o humilde – de dizer "eu estava errado" é uma marca de maturidade que vai agradar a família, colegas de trabalho ou outros muito mais do que qualquer tentativa de compensar o erro. Além disso, as pessoas que reconhecem seus erros e se perdoam são mais propensas a entender e perdoar os erros dos outros. "Perdoa nossas dívidas, assim como perdoamos aos nossos devedores" (Mateus 6.12).

O rei Davi não permitiu que seu erro ou a morte da criança o imobilizassem; ele continuou com sua vida. Observe sua reação quando ele foi informado que a criança havia morrido:

> Respondeu ele: 'Vivendo ainda a criança, jejuei e chorei, porque dizia: Quem sabe o SENHOR se compadecerá de mim e a criança sobreviverá? Porém, agora que ela morreu, por que eu jejuaria? Acaso poderei fazê-la voltar? Eu irei a ela, porém ela não voltará para mim'.
> (2 Samuel 12.22-23)

Davi confortou sua esposa, Bate-Seba. Pouco tempo depois, ela concebeu outro filho, Salomão. Ele acabou sendo o homem mais sábio que já viveu. Ele foi o produto de um rei que se arrependeu e seguiu em frente.

Se você tem problemas em admitir seus erros, sugiro que vá agora mesmo e fique diante de um espelho e pratique dizendo "Sinto muito. Eu estava errado". Resista à tentação de explicar ou justificar suas ações. Experimente um aumento em seu indicador de maturidade, bem como um aumento no respeito dos outros por você.

Não posso concluir nossa discussão sem uma palavra para os perfeccionistas que se castigam por cada erro. Em vez de usar os erros como ferramentas de aprendizado para o desenvolvimento futuro, eles rejeitam todo o seu ser. "Como pude ser tão estúpido?", eles perguntam. Os cristãos são particularmente vulneráveis a essa atitude. No entanto, se eu perguntasse a um grupo de cristãos tementes a Deus: "Quantos de vocês pecaram no último mês?", a maioria reconheceria que pecou. Se eu insistisse e perguntasse: "Quantos se consideram pecadores?" Eu provavelmente não teria nenhuma resposta. Afinal, um pecador é alguém que pratica o pecado como um estilo de vida, não alguém que entregou sua vida a Deus, mas peca ocasionalmente.

Bem, por que não aplicar o mesmo pensamento quando se trata de nossos erros? Por que colorir seu caráter inteiro, ou o de qualquer outra pessoa, com um único erro? Reconheça-o, peça perdão por ele, aprenda com ele, enfrente as consequências dele com coragem e passe para o próximo desafio da vida. Esta é a demonstração final de maturidade espiritual e emocional.

Seu Desafio

Usando um conflito atualmente não resolvido, prepare um "sanduíche de confronto" que seja sincero, direto e sem emoção.

Pão (afirmação): _____

Carne (o problema que afeta você): _____

Pão (afirmação): _____

10

Escutar

Comunicação é a troca de informações. Para resolver efetivamente os conflitos interpessoais, devemos discernir com precisão a causa raiz e estar dispostos a ouvir objetivamente a opinião da outra pessoa. Isso significa ouvir o que está sendo dito, bem como o que não está sendo dito. Os comportamentos abaixo são algumas das causas das conversas negativas que podem produzir rachaduras em nossos relacionamentos. Ao revisar a lista, considere um de seus conflitos recentes e observe qual comportamento da lista pode ter sido a causa raiz.

- Medos/insegurança/ciúmes
- Inveja/ganância
- Pecado/rebelião
- Expectativas não expressas ou não atendidas
- Expectativas irreais
- Funções e responsabilidades indefinidas
- Valores, crenças, filosofias ou opiniões divergentes
- Desejos concorrentes
- Sistemas e processos ineficazes

- Ambições vãs, lutas pelo poder
- Metas e objetivos conflitantes
- Violação de limites (expressos e não expressos)
- Recursos limitados ou escassos (tempo, dinheiro, espaço)
- Barreiras de linguagem
- Falta de informação
- Falta de compreensão das necessidades de diferentes temperamentos
- Poucas habilidades relacionais

Precisamos não apenas de habilidades e coragem para dizer as palavras certas na resolução de conflitos, mas também devemos saber ouvir. Mais uma vez, reivindico as palavras ditas do Messias como meu objetivo:

> O SENHOR Deus me deu uma língua erudita, para que eu saiba dizer a seu tempo uma boa palavra ao que está cansado. Ele desperta-me todas as manhãs, desperta-me o ouvido para que eu ouça, como aqueles que aprende. (Isaías 50.4)

Isso é crucial para conduzir um confronto eficaz. Ao ouvir, criamos um contexto ou ambiente onde as pessoas sentem que foram ouvidas e seus pensamentos ou sentimentos foram validados. Esta é metade da batalha na resolução de qualquer conflito. Talvez seja por isso que somos admoestados a ser "rápidos para ouvir" (Tiago 1.19). Ouvir não é uma atividade passiva. Requer um esforço significativo para discernir o que realmente está sendo dito e até mesmo não dito.

Ao ouvir, criamos um contexto ou ambiente onde as pessoas sentem que foram ouvidas e seus pensamentos ou sentimentos foram validados.

---

10. Escutar

Vários anos atrás, meu marido e eu pertencíamos a uma igreja de 16.000 membros que precisava urgentemente de assentos adicionais para seus cultos de domingo. Tivemos que fazer algumas manobras habilidosas para conseguir um bom lugar perto da frente do santuário. Um domingo, Darnell esperou enquanto eu entrava no banheiro feminino antes do início do culto. Enquanto renovava minha maquiagem, me empolguei em uma conversa com outra mulher que nunca conheci. Eu estava gostando tanto de nossa conversa que perdi a noção do tempo. Quando saí, meu marido normalmente paciente estava chateado. Ele expressou sua frustração por eu ter demorado tanto e me lembrou que agora tínhamos perdido nosso lugar perto da frente da fila para entrar na igreja. Bem, eu imediatamente fiquei chateada por ele estar perturbado comigo.

Antes que eu pudesse responder negativamente, o Espírito Santo me levou a perguntar a mim mesmo: "O que está causando sua frustração?" Afinal, ele não tinha preferência por onde nos sentávamos. Fui eu que insisti em sentar perto da frente. Então me ocorreu – eu havia frustrado sua tentativa de me agradar. Quando lhe perguntei mais tarde se foi isso, ele disse que sim. Ele fica muito feliz em me agradar e, é claro, sempre expresso meu prazer com seu empenho. Pedi desculpas por minha insensibilidade e silenciosamente me lembrei de fazer todos os esforços para discernir o que não estava sendo dito.

"Uma Oportunidade Para Explicar" – Deus versus Adão e Eva

Em nossa busca por "ouvir como os que aprendem", devemos nos disciplinar para ouvir em vez de formular uma resposta ao que está sendo dito. Mesmo que pensemos que já conhecemos todos os fatos de uma questão, vale a pena pedir e ouvir uma explicação. Observe a abordagem que Deus usou quando Ele confrontou Adão e Eva depois que comeram o fruto proibido. Ele fez uma série de perguntas e deu-lhes a oportunidade de explicar seu comportamento antes de pronunciar um juízo sobre eles.

> O SENHOR Deus chamou Adão e disse-lhe: Onde estás? [Pergunta 1]
>
> Ele respondeu: Ouvi Tua voz soar no jardim, temi porque estava nu e escondi-me.
>
> Deus disse: Quem te mostrou que estavas nu? [Pergunta 2] Comeste tu da árvore de que te ordenei que não comesses? [Pergunta 3]
>
> Então disse Adão: A mulher que me deste por companheira me deu da árvore e comi.
>
> Disse o SENHOR Deus à mulher: Por que fizeste isso? [Pergunta 4] (Gênesis 3.9-13)

Obviamente, Deus já sabia a resposta para cada uma das perguntas que Ele fez. Mas mesmo Ele, em Sua misericórdia e longanimidade, esperou e ouviu as fracas desculpas deles antes de bani-los do Jardim do Éden. O questionamento sincero muitas vezes fornecerá informações sobre por que uma pessoa recorreu ao seu comportamento. Também mostra um esforço sincero para entender suas ações. Vejamos um exemplo semelhante do Novo Testamento.

10. Escutar

"É verdade?" – Pedro versus Ananias e Safira

O princípio de perguntar antes de acusar ou julgar também é demonstrado na história de Ananias e Safira. O espírito de generosidade abundava na igreja primitiva. As pessoas estavam vendendo suas propriedades a torto e a direito e trazendo o dinheiro para a igreja para distribuir aos necessitados. Tal altruísmo era um ato nobre e piedoso.

> Certo homem chamado Ananias, com Safira, sua mulher, vendeu uma propriedade e, em comum acordo com sua mulher, reteve parte do valor. Depois ele levou a outra parte e a depositou aos pés dos apóstolos. Então Pedro disse: 'Ananias, por que Satanás encheu teu coração, para que mentisses ao Espírito Santo e retivesses parte do valor da herdade? Antes de vendê-la, ela não te pertencia? E, depois de vendida, o dinheiro não estava em teu poder? Por que formaste este desígnio em teu coração? Não mentiste aos homens, mas a Deus'. Ananias, ouvindo estas palavras, caiu e expirou. E um grande temor veio sobre todos os que isto ouviram. Levantando-se os jovens, cobriram o morto e, transportando-o para fora, o sepultaram. (Atos 5.1-6)

Pedro primeiro questionou Ananias sobre seu motivo para mentir sobre o preço que recebeu pela terra que havia vendido. Obviamente, Ananias nunca teve chance de responder porque ele caiu ao chão e morreu. Só Deus sabe o que fez com que ele e sua esposa roubassem seus próprios lucros e fingissem que haviam doado todo o dinheiro. A mentira lhe custou a vida. No entanto, Pedro não assumiu que Safira também era culpada. Ele deu a ela o benefício da dúvida.

Decorrido um período de quase três horas, entrou também sua mulher, não sabendo o que havia acontecido. Pedro disse-lhe: 'Dize-me, vendestes por tanto aquela herdade?' Ela respondeu: 'Sim, por tanto'. Pedro, porém, lhe disse: 'Por que entre vós concordastes em tentar o Espírito do Senhor? Eis à porta os pés dos que sepultaram teu marido, e eles também te levarão'. Então, instantaneamente, ela caiu aos seus pés e expirou. E, entrando os jovens, acharam-na morta e a sepultaram junto com o marido. (Atos 5.7-10)

Queridos amigos, vamos nos desafiar a ouvir atentamente e ouvir com discernimento o que os outros estão dizendo – e não dizendo – sobre a causa raiz de nosso conflito com eles.

"O Perigo de Fazer Suposições" – Israel Versus Israel

Os israelitas haviam conquistado seus inimigos na Terra Prometida e agora era hora de se estabelecer na vida cotidiana. Moisés havia permitido que os rubenitas, os gaditas e a meia tribo de Manassés ("orientais") herdassem a terra a leste do rio Jordão, enquanto as outras nove tribos e meia ("ocidentais") se estabeleceram na costa oeste. Todas as doze tribos lutaram diligentemente contra seus inimigos comuns. Cada uma se uniu a seus irmãos para conquistar o território de ambos os lados do Jordão. Agora as batalhas terminaram.

Josué desmobilizou o exército e dispensou os homens das tribos orientais para que voltassem para suas famílias. Como o rio Jordão os separaria fisicamente das tribos ocidentais e do centro de adoração, os orientais temiam que algum dia os descendentes dos ocidentais dissessem que os orientais não podiam participar na adoração ao Deus de Israel. Portanto, antes que os

10. Escutar

soldados orientais cruzassem para retornar às suas famílias, eles construíram um grande altar perto do rio Jordão para comemorar seu envolvimento na conquista da terra. Grande erro! Os ocidentais ouviram falar do altar e se prepararam para guerrear contra seus irmãos. Em vez de abordá-los com o desejo de entender suas ações, os ocidentais lançaram uma ladainha de acusações:

> *Indo eles aos filhos de Rúben, aos filhos de Gade e à meia tribo de Manassés, à terra de Gileade, disseram-lhes: 'Assim diz toda a congregação do Senhor: Que transgressão é esta, com que transgredistes contra o Deus de Israel, deixando hoje de seguir o Senhor, edificando um altar, para vos rebelardes contra o Senhor? Por acaso foi pouca a iniquidade de Peor, da qual até ao dia de hoje não estamos purificados, ainda que houvesse castigo na congregação do Senhor? Hoje deixardes de seguir o Senhor? Será que, rebelando-vos hoje contra o Senhor, amanhã Ele Se irará contra toda a congregação de Israel'.*
> (Josué 22.15-18)

Não é frustrante quando alguém insiste em uma acusação e está completamente errado? Antes que você fique tentado a levantar as mãos em frustração ou interromper com sua explicação, discipline-se para ficar quieto até que a acusação acabe. Em seguida, responda de maneira calma, como esses líderes fizeram:

> *Se o não fizemos por receio disto, dizendo: Amanhã vossos filhos virão dizer a nossos filhos: Que tendes vós com o Senhor, Deus de Israel? Pois o Senhor pôs o Jordão por termo entre nós e vós, ó filhos de Rúben e filhos de Gade; não tendes parte com o Senhor. Assim, bem poderiam vossos filhos fazer nossos filhos desistirem de temer o*

SENHOR. Pelo que dissemos: Edifiquemos agora um altar, não para holocausto, nem para sacrifício, mas para que entre nós e vós, entre nossas gerações depois de nós, nos sirva de testemunho, para podermos realizar o serviço do SENHOR diante dele com nossos holocaustos, com nossos sacrifícios e com nossas ofertas pacíficas e para que vossos filhos não digam amanhã a nossos filhos: Não tendes parte com o SENHOR. (Josué 22.24-27)

Este exemplo nos ensina várias lições sobre como evitar, minimizar ou resolver um conflito.

LIÇÃO UM: Nunca devemos tomar uma decisão ou iniciar uma ação que envolva assuntos ou posses de outros sem primeiro consultá-los.

Não podemos presumir que, porque nossas intenções são nobres ou inocentes, ou porque a causa é digna, todos entenderão ou ficarão felizes com nossas ações.

Eu tive pessoas, geralmente parentes, oferecendo meu tempo, talentos e até minha casa para outras pessoas sem qualquer discussão prévia comigo ou com meu marido. Obviamente, isso foi antes de eu aprender a estabelecer limites na minha vida. Se quisermos viver em harmonia com os outros, devemos respeitar seus limites. Lembre-se, as pessoas não julgam nossas *intenções*; elas julgam nossas *ações*.

LIÇÃO DOIS: Quando sentimos que nossos limites foram violados, não devemos concluir que o ofensor não tinha motivos honrosos.

Não devemos nos preparar para a guerra antes de entendermos completamente as intenções ou objetivos da outra pessoa. Os ocidentais enviaram uma delegação aos orientais, não para entender por que o altar foi erguido, mas para guerrear contra eles. Eles assumiram que os orientais ofereceriam sacrifícios no

10. Escutar

altar. Tal ação teria sido uma violação direta da lei, que exigia que todos sacrificassem no tabernáculo, que naquela época ficava em Siló. Os ocidentais pensaram: "Ora, esses rebeldes orientais derrubarão a ira de Deus sobre todo o Israel".

É incrível a rapidez com que alguns optam por acreditar no pior dos outros – não importa quais problemas ou experiências eles possam ter passado juntos. Eles podem simplesmente ouvir que alguém fez um comentário negativo sobre eles e se preparam para lutar. Que comentário triste sobre sua maturidade espiritual e emocional.

LIÇÃO TRÊS: Devemos sempre verificar os fatos ou a verdade do assunto antes de fazer acusações.

Os ocidentais acusaram os orientais de transgressão e os lembraram de tempos passados quando Israel ofendeu a Deus. Os orientais começaram a explicar suas razões para construir o altar. Eles simplesmente queriam um memorial que atestasse seu direito de participarem a oeste do Jordão. Obviamente, se eles tivessem discutido a ideia antes de seu ato zeloso, o conflito nunca teria surgido.

Felizmente, esta história tem um final feliz. Após a justificativa, chegou-se a um entendimento. Para crédito da delegação ocidental, eles ouviram e aceitaram a explicação. Mesmo tendo vindo para lutar, eles pararam para ouvir o outro lado.

> "Ouvindo, pois, Fineias, o sacerdote, os príncipes da congregação e os cabeças dos milhares de Israel, que com ele estavam, as palavras que disseram os filhos de Rúben, os filhos de Gade e os filhos de Manassés, pareceu bem aos seus olhos" (Josué 22.30).

A guerra foi evitada.

Lição Quatro: Quando somos os autores de ações questionáveis, devemos ser rápidos em fornecer uma explicação.

Os orientais ficaram horrorizados porque seus motivos foram mal compreendidos.

> O Deus dos deuses, o Senhor, Ele o sabe, e Israel mesmo o saberá. Se foi por rebeldia ou por transgressão contra o Senhor, hoje não nos preserveis. Se edificamos altar para deixarmos de seguir o Senhor, ou para sobre ele oferecer holocausto e oferta de manjares, ou sobre ele fazer oferta pacífica, o Senhor mesmo de nós o requeira. (Josué 22.22-23)

Não é suficiente que Deus saiba. Sim, nosso registro pode ser escrito no céu, mas vivemos na terra entre os homens. As pessoas merecem uma explicação e um pedido de desculpas quando as ofendemos. Jesus advertiu a todos nós:

> "Portanto, se trouxeres tua oferta ao altar, e aí te lembrares de que teu irmão tem alguma coisa contra ti, deixa ali diante do altar tua oferta, vai, reconcilia-te primeiro com o teu irmão e depois vem e apresenta tua oferta" (Mateus 5.23-24).

Seu Desafio

Da próxima vez que você tentar resolver um conflito com alguém, desafie suas habilidades de escuta esperando cinco segundos completos após a pessoa terminar sua declaração antes de responder. Coloque-se no lugar dela. Absorva totalmente tudo o que ela disse. Faça perguntas esclarecedoras. Em seguida, declare calmamente sua compreensão do que a pessoa disse. Você verá que sua escuta será recompensada.

11

Negociar o Comportamento Futuro

Concordar com o comportamento futuro é o obstáculo final que as pessoas em conflito devem superar. Afinal, todo o propósito do confronto é resolver e encerrar um problema. Mesmo que a pessoa confrontada não aceite a responsabilidade por seu papel no conflito, é importante que ambos concordem sobre o que cada um de vocês fará se uma situação semelhante surgir no futuro. Pode exigir compromisso mútuo. Alguém pode ter que parar de fazer alguma coisa; alguém pode ter que começar a fazer alguma coisa. Qualquer que seja a decisão, deve ser para benefício mútuo.

Até as filhas de Zelofeade (discutidas no capítulo 6) tiveram que se comprometer. Elas haviam recebido a parte de terra que haviam solicitado, mas eram obrigadas a se casar apenas com homens de sua tribo para que as preocupações de seus tios fossem satisfeitas. Um acordo mútuo deve ser o objetivo sempre que possível. O acordo é particularmente importante quando o comportamento de uma pessoa ou grupo afetará muitos outros.

Em um ambiente de trabalho, o desempenho de cada pessoa impacta nos objetivos da empresa; portanto, os problemas precisam ser resolvidos satisfatoriamente ou planos devem ser estabelecidos para resolvê-los no futuro. Por exemplo, se você pediu uma promoção ou um aumento e a empresa informou que não será concedido, você e seu supervisor devem concordar sobre o que você precisa fazer para melhorar suas chances de conseguir o que deseja. Um tempo específico deve ser definido para analisar a situação. Você pode ter que lembrar ao seu supervisor que chegou a hora da nova avaliação, mas não é hora de ser tímido ou temer que um lembrete seja recebido negativamente. Qualquer um que deseje se tornar adepto da resolução de conflitos deve ser proativo.

As emoções e o pensamento racional funcionam como uma gangorra; quando um lado está alto, o outro está baixo.

Uma Palavra Sobre Emoções

Confrontos muitas vezes levam as pessoas a se tornarem altamente emocionais. Saiba que o silêncio, as lágrimas, a raiva ou outro comportamento emocional lhe impedirão de ter uma discussão racional e a resolução do problema. As emoções e o pensamento racional funcionam como uma gangorra. Quando as emoções estão altas, o pensamento racional estará baixo. E se você empregar apenas o pensamento racional e objetivo, sem se preocupar com as emoções e os sentimentos da pessoa, o problema não será resolvido a contento de todos. As emoções devem ser reconhecidas e trabalhadas; ignorá-los só vai piorar as coisas. Quando você reconhece as emoções das pessoas, você as deixa saber que as valoriza e aos seus sentimentos. Aqui estão algumas maneiras de deixar as pessoas chateadas saberem que você está ciente de seus sentimentos:

- "Mary, você parece muito chateada. Posso ver que nossa decisão de fechar a escola está realmente lhe afetando".
- "Bob, seu silêncio me preocupa. Quando você se recusa a me dar qualquer feedback, não sei como posso resolver sua preocupação".
- "Betty, posso ver pelas suas lágrimas que este é um assunto muito emocional para você. Seria melhor se lidássemos com isso mais tarde?"

O importante é manter a calma e evitar minimizar os sentimentos da pessoa. A expressão de uma emoção pode ser uma pista útil de que algo está afetando uma pessoa de tal maneira que pode estar causando o comportamento problemático, o qual é o foco do confronto.

Se você sabe de antemão que uma pessoa é propensa a ser emocional, não se acanhe de confrontá-la simplesmente para evitar o desagrado da experiência. Como mencionei em um capítulo anterior, a capacidade de conduzir um confronto eficaz é uma habilidade que é aprendida e aperfeiçoada com prática e paciência.

Depois de lidar com as emoções, você está pronto para negociar um acordo sobre o comportamento futuro.

"Concordar em Discordar" - Paulo e Barnabé

Paulo e Barnabé formavam uma grande equipe. Ambos os apóstolos tinham paixão por Deus. Através de sua pregação ungida, um número incontável de almas em muitas cidades recebeu a salvação. Eles haviam realizado muitos milagres, resolvido conflitos na igreja e experimentado as provações e triunfos do ministério. Em sua primeira viagem missionária, o parente de Barnabé, um jovem chamado João Marcos, juntou--se a eles. No entanto, ele ficou com saudades de casa e voltou para Jerusalém. Agora era hora de a dupla dinâmica embarcar em sua segunda jornada.

> Alguns dias depois, disse Paulo a Barnabé: Tornemos a visitar nossos irmãos por todas as cidades em que já anunciamos a palavra do Senhor, para ver como estão. Barnabé queria levar também João, chamado Marcos. Mas não parecia razoável a Paulo levar com eles aquele que desde a Panfília se havia apartado deles e não os tinha acompanhado naquela obra. Houve tal contenda entre eles que se separaram um do outro. Então, Barnabé, acompanhado de Marcos, navegou para Chipre. Paulo, tendo escolhido Silas, partiu, encomendado pelos irmãos à graça de Deus. (Atos 15.36-40)

Aqui está uma situação em que dois gigantes espirituais não conseguiram resolver seu conflito. Sua perspectiva individual sobre o problema destaca a diferença em seus temperamentos. Paulo, o apóstolo decidido, objetivo e focado, não estava disposto a levar João Marcos em outra viagem evangelística. Paulo deve ter raciocinado que eles estavam em uma missão de Deus e não tinham tempo para uma pessoa não confiável.

Fiel ao significado de seu nome ("filho do encorajamento"), Barnabé, o apóstolo compreensivo, longânimo e amoroso, não era do tipo que tirava o nome de alguém de sua lista por causa de uma única falha. Foi ele quem levou Paulo, depois de sua conversão a Cristo, aos discípulos céticos. Ele atestou a credibilidade de Paulo e os convenceu a aceitá-lo (Atos 9.27). Ele não podia virar as costas para ninguém, especialmente a um parente. Afinal, a caridade começa em casa. E agora ele se encontrava em desacordo com o homem com quem compartilhara tantas experiências espirituais. Apenas um deles poderia estar certo sobre a decisão de dar outra chance a João Marcos.

11. Negociar o Comportamento Futuro

Quem estava sendo inconsistente com os desejos de Deus aqui, Paulo ou Barnabé?

Ao ler esta história, lembro-me de um incidente que aconteceu durante meu primeiro ano no ensino médio. Eu estava determinada a fazer parte de um grupo de líderes de torcida que ficava com a banda no campo de futebol para a apresentação do intervalo. Bem, a coordenação física nunca foi meu forte, mas a perseverança é. Durante os ensaios iniciais, tive dificuldade em manter minha linha de músicos marchando em linha reta. Eles estavam me seguindo! Quando a linha desviava para a direita, o Sr. Jones, nosso líder de banda, gritava como um sargento: "Smith, endireite essa linha!" Eu me saía bem por alguns minutos e depois virava para a esquerda. "Smith, endireite essa linha!" Finalmente, em desespero, o Sr. Jones me deu alguns conselhos que resolveram o problema. Na minha tentativa de manter o passo, eu estava focando nas líderes de torcida ao meu lado. Ele aconselhou: "Mantenha seus olhos no líder da bateria. Todo mundo que está em alinhado com o líder da bateria estará em alinhado um com o outro!"

Que princípio poderoso. Apliquei este conselho ao meu casamento e a inúmeras situações de conflito, especialmente com cristãos. Todo mundo que está alinhado com Deus, que deveria ser o Major da Bateria de nossas vidas, estará alinhado um com o outro. Já que você não tem controle sobre o relacionamento de ninguém com Deus, seu objetivo deve ser certificar-se de que você está em um relacionamento correto com Ele. Pergunte a Ele: "Estou desalinhado Contigo nesta questão?" Ouça a Sua resposta.

Bem, de volta a Paulo e Barnabé. Nenhum deles estava disposto a ceder ao outro, então eles se separaram. Aqui estão algumas das lições de gerenciamento de conflitos que podemos aprender com o confronto:

Lição Um: Não importa quão espiritual uma pessoa seja, todos estão sujeitos a um ponto fraco quando se trata de um parente.

Tenho visto os ministros mais ungidos suportarem coisas por muito tempo – muito tempo – de um membro da família em posição de liderança ou outra posição importante, em detrimento de todo o ministério (este não foi necessariamente o caso de Barnabé – veja a Lição Cinco a seguir). Raro é o líder que tem a objetividade de olhar além desse vínculo de sangue e se concentrar no que é melhor para a organização. Igualmente rara é uma diretoria da igreja com a coragem de insistir que uma mudança seja feita. A maioria dos conselhos adotará uma abordagem acomodada e deixará o ministro "fazer do seu jeito". O reino de Deus muitas vezes sofre por isso.

Lição Dois: Devemos buscar ativamente uma resolução aceitável a todos.

Quando compreendermos plenamente a verdade de que o *acordo* é o lugar do poder, estaremos mais dispostos a ceder nossas escolhas e preferências para que a união seja alcançada. Nem Paulo nem Barnabé propuseram uma solução alternativa (talvez outro jovem para ajudá-los). Ambos permaneceram inflexíveis. Ambos adotaram a abordagem "do meu jeito". A posição de Paulo: "Eu não permitirei que ele vá". Posição de Barnabé: "Não vou sem ele".

Lição Três: Devemos estar dispostos a buscar a ajuda de terceiros quando não pudermos resolver o problema. Embora Jesus tenha estabelecido os procedimentos a serem seguidos quando alguém peca contra nós, descobri que a mesma abordagem é útil quando chego a um impasse em meu esforço individual para resolver uma questão:

> Ora, se teu irmão pecar contra ti, vai e repreende-o particularmente; se ele te ouvir, ganhaste teu irmão; se não te

11. Negociar o Comportamento Futuro

ouvir, leva ainda contigo um ou dois, para que pela boca de duas ou três testemunhas toda a palavra seja confirmada. Se ele não os escutar, dize-o à igreja; e, se também não escutar a igreja, considera-o como um gentio e publicano. (Mateus 18.15-17)

O próximo passo era Paulo e Barnabé procurarem a ajuda de outros membros da igreja. Mas parece que tal tentativa não foi feita. A igreja simplesmente ficou de lado e os deixou resolver o problema. Mesmo que um conflito possa ser entre apenas dois indivíduos, aqueles de nós que veem nossos irmãos e irmãs em desacordo precisam considerar nosso papel como pacificadores. "Bem-aventurados os pacificadores, porque eles serão chamados filhos de Deus" (Mateus 5.9). Pacificadores são pessoas que buscam ativamente trazer a paz. Eles iniciam o esforço para alcançar a união.

Ser um pacificador envolve riscos. Não é uma tarefa para os fracos de coração ou espiritualmente imaturos. A objetividade e a confidencialidade devem ser mantidas à medida que tentamos fazer com que as duas partes cheguem a um acordo.

LIÇÃO QUATRO: Às vezes, a melhor resolução de um conflito é uma separação, mesmo que seja temporária.

Agora, não saia correndo e se divorcie de seu cônjuge. Estou simplesmente dizendo que muitas vezes as partes de um conflito estão muito apegadas emocionalmente à questão e precisam de espaço para repensar sua postura. Deus pode usar a separação para Sua glória. Porque Paulo e Barnabé se separaram, o evangelho foi pregado em mais cidades ainda.

Caso você decida que uma separação temporária é a melhor opção em sua situação, tente chegar a um acordo sobre quanto tempo ela durará. Em algumas amizades, uma das partes pode querer acabar com o relacionamento. Eu não acho que é sempre necessário admitir o fim de um relacionamento. Algumas pessoas podem ser emocionalmente danificadas demais pelo que percebem como rejeição. Nesse caso, o mais sábio seria ditar uma separação progressiva. Estar indisponível para a maioria das atividades geralmente transmitirá a mensagem. Claro, sou uma defensora da abordagem direta na maioria das situações. No entanto, devemos ter o cuidado de considerar o estado psicológico e espiritual de uma pessoa e lidar com eles de acordo.

Lição Cinco: Quando determinamos que estamos errados, precisamos admitir.

Muitas vezes, nossas avaliações e suposições errôneas causam conflito. No caso de Paulo e Barnabé, Paulo percebeu perto do fim de sua vida que João Marcos realmente não era uma pessoa duvidosa. Ele escreveu da prisão para Timóteo pedindo que ele trouxesse Marcos até ele.

> "Só Lucas está comigo. Toma Marcos e traze-o contigo, porque me é muito útil para o ministério"
> (2 Timóteo 4.11).

A capacidade de dizer "eu estava errado" é um verdadeiro desafio para um *ditador* como Paulo. Mas aqui ele fornece um exemplo brilhante. Você já se enganou sobre alguém e disse isso a ele mais tarde? Algumas pessoas confessaram para mim que me achavam de um jeito e depois descobriram que estavam erradas. Admirei a coragem delas em admitir isso. Claro, eu questiono o bom senso de algumas das confissões. Uma senhora me disse: "Achei que você fosse arrogante, mas descobri que você é muito realista" (o que fazer com uma informação tão reveladora?).

Tenhamos o cuidado de usar a sabedoria na quantidade de informações "honestas" que revelamos. A Bíblia diz que "todas as coisas me são lícitas, mas nem todas as coisas convêm" (1 Coríntios 6.12).

LIÇÃO SEIS: Devemos manter o foco mesmo quando os outros não estão do nosso lado.

Atos 15.40 afirma que os cristãos em Antioquia deram a Paulo e Silas sua bênção quando partiram em sua missão. Não há menção deles oferecendo qualquer apoio para Barnabé e Marcos (embora possam tê-lo feito). Se não foi o caso, Barnabé não foi dissuadido por isso. Já vi ministros criticarem e até banirem outros ministros por causa da hierarquia da igreja e das lutas pelo poder. Para crédito de Paulo e Barnabé, nunca lemos que um fez comentários negativos sobre o outro após a separação. Ambos se concentraram em suas respectivas missões e trouxeram glória a Deus.

Seu Desafio

O único comportamento que você tem o poder de mudar é o seu. Ao considerar um conflito atual que você possa estar enfrentando, determine o quanto você está disposto a se comprometer – sem violar seus valores fundamentais ou respeito próprio – para alcançar a harmonia. Lembre-se de que ambas as partes devem concordar com a decisão final sobre como seguir em frente. Não fique quieto apenas pela paz.

12

Libertar o Ofensor

Livros foram escritos sobre a importância do perdão. Sim, sabemos que se não perdoarmos os outros, Deus não nos perdoará. Sabemos que a falta de perdão pode levar a problemas físicos e emocionais. Nós sabemos, nós sabemos, nós sabemos. Mas como vencer a falta de perdão? Este é o passo final na resolução de conflitos. É o passo que permite que ambas as partes se afastem do conflito e sigam seu destino.

Aprendi algumas lições importantes ao longo dos anos, pois enfrentei a necessidade de perdoar. A falta de perdão tem sido uma fortaleza na minha família por anos. Já vi alguns parentes sofrerem mental e emocionalmente por não conseguirem libertar aqueles que os ofenderam ou os feriram. Expliquei ao meu marido no início de nosso casamento que era uma questão geracional e que ia terminar em mim. Eu venceria a falta de perdão.

Eu gostaria de poder dizer que tomar essa decisão facilitou as coisas. Cada ofensa me envia de volta aos pés de Jesus pedindo ajuda para vencer esse gigante emocional.

Eu estava lutando com uma grande ferida recentemente e realmente queria superá-la e perdoar a parte ofensora. Descobri que simplesmente dizer a mim mesma que perdoaria não impedia a enxurrada de pensamentos negativos. Estava constantemente revivendo a conversa que me levou à dor. Eu realmente queria manter um relacionamento próximo com o ofensor, mas não conseguia superar a ferida emocional. Então, como uma lanterna em um túnel escuro, Filipenses 2.13 expôs o cerne deste dilema: "Porque Deus é o que opera em vós tanto o querer como o efetuar, segundo a Sua boa vontade".

O perdão não é uma resposta natural a uma mágoa ou ofensa; o perdão requer intervenção sobrenatural.

É isso! O perdão não é uma resposta *natural* a uma mágoa ou ofensa; o perdão requer intervenção *sobrenatural*. Minha tendência *natural* era ver a pessoa que me machucou sentir alguma dor também. Mas meu espírito desejava fazer o que agradasse a Deus. Eu estava me esforçando demais em minha própria força para superar a dor. Eu só precisava colocá-las nas mãos de Deus.

"Pai", eu orei, "eu Te agradeço porque o Teu Espírito Santo já está operando em mim para me dar a vontade de perdoar. Eu me deleito em saber que Tu não deixas um trabalho pela metade. Recebo Teu poder agora para completar a obra do perdão. Abandono todo desejo de vingar essa injustiça. Tu viste esta situação antes que acontecesse, e em Tua infinita sabedoria, permitiste que fosse assim. Eu confio na Tua Palavra em Romanos 8.28 que me assegura que todas as coisas contribuem conjuntamente para o meu bem porque eu Te amo e sou chamada por Teu decreto. A partir deste momento, com a ajuda do Espírito Santo, não vou mais pensar nessa situação, mas vou declarar a Tua Palavra. Em nome de Jesus, eu oro. Amém".

Senti uma libertação imediata da escravidão da falta de perdão.

Certa vez, ouvi alguém dizer: "O perdão é uma decisão de libertar um prisioneiro e depois a descoberta de que o prisioneiro era você". Se você já tem vontade de perdoar alguém que o ofendeu, anime-se; o Espírito Santo já fez metade do trabalho. Saiba que quando Ele começa uma boa obra, Ele é fiel para completá-la.

Resistir à Retaliação

Um dia, fui ao correio local para enviar um pacote. Como de costume, a fila estava bastante longa e se movendo muito lentamente. Entrei na fila atrás de um homem que parecia ter quarenta e poucos anos, usava maquiagem pesada e usava calças e sapatos femininos. Notei que ele era mais baixo do que eu.

(Antes de continuar, preciso explicar que meu coração está com os homossexuais. Acredito que na raiz de seu desvio esteja um relacionamento disfuncional, geralmente com o pai; abuso sexual infantil; ou alguma outra obra de Satanás. Portanto, sou sempre gentil com eles. Quando estou na presença deles, muitas vezes oro para que sejam libertados de tal escravidão).

Frustrado com a longa fila, o homem começou a reclamar em voz alta da ineficiência dos correios. Ele gritou que queria ver o gerente.

"Isto é ridículo!", ele gritou. "Toda vez que venho aqui o atendimento é péssimo!"

Comecei a concordar calmamente com ele, esperando que isso o acalmasse.

"Você está na fila só para comprar um selo?", perguntei, sendo a salvadora sempre pronta. "Se sim, eu tenho um se você precisar dele".

"Não", ele respondeu hesitante. "Eu preciso de outra coisa também".

Depois do que pareceu uma eternidade, o gerente apareceu. O homem o criticou atacando suas qualificações para o trabalho. "Você não pode controlar sua equipe?", ele gritou. "Você só tem duas pessoas trabalhando nos guichês enquanto todo mundo está de folga. Você precisa voltar para a escola e aprender a administrar!"

O gerente não respondeu a ele diretamente. Ele simplesmente começou na frente da fila e tentou determinar os clientes que precisavam apenas de selos versus aqueles que precisavam de outros serviços. À medida que ele se aproximava de nós, as observações do sr. Confuso ficaram mais maldosas. Incerta do que ele poderia fazer a seguir, decidi que deveria fazer algo para acalmá-lo.

"Bem, você fez um bom trabalho em chamar a atenção dele", eu sussurrei para ele. "Vamos apenas dar espaço a ele agora e ver o que ele faz". Ao dizer isso, toquei-lhe levemente no ombro. Grande erro!

"Não coloque suas mãos em mim!", ele gritou. Então ele disse com mais calma: "Eu sei que você não quer fazer nenhum mal, mas não coloque as mãos em mim".

Palavras não podem descrever a humilhação e constrangimento que senti. Todos os olhos pareciam focados em mim. Aqui eu estava tentando poupar a humilhação pública do gerente, e veja o que eu recebo. Resisti à tentação de chamá-lo pelo nome politicamente incorreto para homossexuais. Também me lembrei de que Deus não ficaria satisfeito se eu tivesse feito isso.

Devo responder de maneira piedosa, disse a mim mesma. *Afinal, eu ensino outros como lidar com tais situações.*

Eu permaneci em silêncio enquanto ele continuava a reclamar – embora menos alto, louvado seja Deus!

Finalmente, ele se virou para mim e perguntou: "Você ainda tem esse selo?"

Como por muitos anos eu pesquisei e memorizei as Escrituras que lidam com conflito, o Espírito Santo geralmente às traz à lembrança – se eu estiver ouvindo. Naquele dia era Provérbios 19.11:

> O entendimento do homem retém sua ira,
> e sua glória é passar sobre a transgressão.

Decidi responder exatamente como as Escrituras ordenavam – bem, mais ou menos. Olhei por cima de sua cabeça em completo silêncio. Ele não iria receber meu selo! *Hum! Isso vai ensiná-lo a não me envergonhar!*

O problema com a retaliação é que é bom para a carne, mas entristece seu espírito – e o de Deus. Percebi que de uma forma sutil, passivo agressiva, eu havia tentado vingar o mal que me haviam feito. Eu havia falhado em um teste espiritual. Satanás obteve a vitória. Tudo o que eu podia fazer era me arrepender.

Agora, este incidente pode parecer uma coisa pequena, mas devemos lembrar que são "as raposinhas que causam dano às vinhas" (Cânticos dos Cânticos 2.15). Se pudermos resistir à tentação de retaliar em pequenas coisas, desenvolveremos músculos resistentes à retaliação que nos ajudarão a ignorar ofensas maiores.

Vejamos uma história de como um homem poderoso confrontou uma ofensa e encontrou uma maneira de continuar um relacionamento com os ofensores.

"Não Serei Tolo Duas Vezes" – Jefté Versus Seus Irmãos Impenitentes

Jefté era filho ilegítimo de um homem chamado Gileade. Sua mãe era uma prostituta. Ele cresceu na casa com os outros filhos legítimos de Gileade, que mais tarde o expulsaram. "Não herdarás em casa de nosso pai", eles disseram, "porque és filho de outra mulher" (Juízes 11.2). Ele se mudou para a terra de Tobe, seguido por um grupo de homens levianos. Ele logo desenvolveu uma reputação como um poderoso guerreiro.

> Depois de alguns dias, os filhos de Amom pelejaram contra Israel. Como os filhos de Amom pelejassem contra Israel, foram os anciãos de Gileade buscar Jefté, da terra de Tobe. Eles lhe disseram: Vem e sê-nos por cabeça, para que combatamos contra os filhos de Amom. Porém, Jefté disse aos anciãos de Gileade: Porventura não me aborrecestes e não me expelistes da casa de meu pai? Por que, pois, agora viestes a mim, quando estais em aperto? Disseram os anciãos de Gileade a Jefté: Por isso, tornamos a ti, para que venhas conosco e combatas contra os filhos de Amom e nos sejas por cabeça sobre todos os moradores de Gileade. (Juízes 11.4-8)

Há tantas lições de confronto e gerenciamento de conflitos nesta história que tentarei me conter e discutir apenas algumas.

LIÇÃO UM: A rejeição pode ser parte do plano divino de Deus.

Jefté foi rejeitado por uma razão completamente fora de seu controle – ele era ilegítimo. Quando ele foi expulso por seus meios-irmãos, ele aceitou sua rejeição e seguiu em frente com sua vida.

12. Libertar o Ofensor

Talvez você tenha experimentado a devastação emocional da rejeição. Você pode ter sido rejeitado por ser velho, jovem, inteligente, burro, bonito, feio, privilegiado, pobre, atraente, pouco atraente, sofisticado, sem sofisticação, homem, mulher, branco, preto (ou, na opinião de alguns, preto demais). Esta lista é interminável. O cerne da questão é que você era diferente! O que me ajudou a lidar com essa rejeição é a certeza do destino divino. Em meio a tudo isso, Deus tem um plano para minha vida. Cada mágoa, cada rejeição e cada decepção me fizeram quem sou hoje.

A rejeição forçou Jefté à terra de Tobe. Muito provavelmente, foi lá que ele aprendeu e aperfeiçoou a arte da guerra. Se ele tivesse sido aceito por seus irmãos e ficado em casa com eles, estaria na mesma situação desamparada que eles estavam quando os amonitas atacaram os gileaditas. Observe que ele nunca procurou prejudicá-los por eles o terem rejeitado.

LIÇÃO DOIS: Não precisamos ser tolos duas vezes.

Jefté não era tão emocionalmente carente para aproveitar a chance de se relacionar com aqueles que o haviam rejeitado anteriormente. Observe que quando eles pediram para ele vir e ser seu capitão, eles nunca disseram que estavam arrependidos por expulsá-lo, nem que mudaram de ideia e agora queriam abraçá-lo. Eles simplesmente precisavam de um guerreiro para liderá-los na batalha.

Sabendo o motivo, Jefté respondeu em essência: "Espere um minuto. Não podemos seguir em frente como se nada tivesse acontecido. Nosso relacionamento foi danificado. Parece que vocês só querem me usar, já que só estão vindo para mim porque estão em perigo. Vamos entender o tipo de relacionamento que vamos ter".

A primeira oferta que os líderes do povo de Gileade fizeram a Jefté era ser apenas o capitão de seu exército, embora tivessem acordado previamente entre si que quem os liderasse na batalha também seria o chefe de toda Gileade (Juízes 10.18). Uma vez que Jefté declarou ousadamente que queria entender o relacionamento que eles agora queriam, eles suavizaram as coisas e ofereceram a ele a liderança de toda Gileade (vs. 8, 11).

Vejo um tipo de Jesus no trato de Jefté com esses líderes de Gileade. Muitos de nós querem que Jesus seja apenas nosso Salvador, mas assim como Jefté queria ser mais do que um capitão, Jesus quer mais do que nos salvar da condenação eterna. Ele quer ser nosso Senhor! Ele quer governar nossas vidas.

Essa história nos permite saber que Deus não exige que nos coloquemos em posição de sermos feridos duas vezes. Muitas vezes, quando uma confiança é quebrada, precisamos perdoar e exercitar a sabedoria para seguir em frente. Há pessoas na minha vida que eu não devo compartilhar informações confidenciais; minha interação com elas é limitada a certas atividades e conversas superficiais. No entanto, eu ainda as amo e desejo ter algum nível de relacionamento com elas.

Muitos de nós nos colocamos na posição de nos machucar duas vezes, como o homem que foi ao médico por causa de uma queimadura grave nas duas bochechas.

"Como isso aconteceu?", o médico perguntou.

"Eu estava passando roupa e assistindo televisão quando o telefone tocou. Peguei o ferro em vez do telefone e queimei a bochecha direita".

"Entendo", disse o médico ainda intrigado. "Mas como você conseguiu queimar sua bochecha esquerda?"

"Ele ligou novamente!", o homem exclamou.

Isso é essencialmente o que fazemos a nós mesmos quando permitimos que alguém nos machuque duas vezes. Jefté respondeu sabiamente a seus irmãos para que não fosse magoado por eles novamente.

A *decisão* de perdoar deve ser imediata. Ninguém precisa merecer nosso perdão. No entanto, restaurar a confiança é um processo. A confiança deve ser conquistada com o tempo. O perpetrador da ofensa deve mostrar o fruto do arrependimento — um comportamento consistente que dê evidência de que ele mudou de opinião. Jesus disse: "Produzi, pois, frutos dignos de arrependimento" (Mateus 3.8).

Lição Três: O homem não determina nosso destino.

Embora seus irmãos tenham proclamado que Jefté nunca teria uma herança entre os gileaditas, nós os encontramos implorando para que ele voltasse quando estavam enfrentando um inimigo poderoso. O mundo tem um ditado que diz: "Nada está terminado até que a senhora gorda cante[8]". Os homens podem declarar o que você não pode ser ou não fará até que se cansem, mas Deus tem a última palavra. "Porque bem sei os pensamentos que tenho acerca de vós, diz o Senhor; pensamentos de paz, e não de mal, para vos dar o fim que esperais" (Jeremias 29.11).

Lição Quatro: Uma caminhada de união requer uma conversa de união.

Jefté imediatamente aceitou o novo relacionamento.

> *"Enviou Jefté mensageiros ao rei dos filhos de Amom, dizendo: 'Que há entre mim e ti, que vieste pelejar contra mim e a minha terra?'" (Juízes 11.12).*

Ele se referiu à terra dos gileaditas como "minha terra". Sua história em Gileade foi marcada por sua rejeição. Isso estava tudo no passado agora. Ele abraçou totalmente a causa. Estava pronto para andar em união. Uma caminhada de união requer uma conversa de união.

---

8   O provérbio se refere às vezes em que todas as apresentações terminavam com alguém (e quase sempre uma senhora gorda) cantando o hino nacional. (N. do T.)

Você já notou como algumas pessoas se referem às atividades de sua igreja ou organização como eventos que "eles" (em vez de "nós") apoiam? Ou as esposas que se referem a seus filhos como "meu filho" ou "minha filha" em vez de "nosso filho"? Você é uma dessas pessoas? Você ficaria surpreso com o impacto que a conversa de união terá em sua atitude e relacionamentos. Você se verá menos crítico com os outros quando fizer dessa "conversa em equipe" um hábito.

"Comprando o Perdão" – Jacó Versus Esaú

Outra dinâmica na saga do perdão é encontrada na história de Jacó e seu irmão gêmeo, Esaú, conforme registrado em Gênesis 27. Rebeca, sua mãe calculista, conspirou com Jacó, o mais novo dos dois, para enganar Esaú e roubar seu direito da primogenitura, visto que ele era o primogênito. Entre muitos outros benefícios, a primogenitura incluía uma bênção espiritual especial do pai, bem como uma porção dobrada da herança. Como Jacó era o favorito de Rebeca, ela elaborou um plano para enganar seu marido Isaque, doente e com deficiência visual, para ele conceder a bênção a Jacó.

Deus já havia avisado Rebeca durante sua gravidez que o filho mais velho serviria ao mais novo (Gênesis 25.23) – apesar dos benefícios inerentes à ordem de nascimento. No entanto, Rebeca não se contentou em deixar Deus fazer Sua vontade do jeito Dele. Ela teve que ajudá-Lo. Além disso, Esaú já havia vendido sua primogenitura a Jacó por uma tigela de guisado de lentilhas durante uma ocasião de muita fome (Gênesis 25.33-34). Claramente, Jacó estava destinado a ter uma posição superior na vida.

Quando Esaú soube que havia sido enganado na bênção por causa do plano de Jacó e Rebeca, ficou furioso. Ele que-

12. Libertar o Ofensor

ria matar seu irmão. A reação de Esaú não é surpreendente quando consideramos a gravidade da situação; isso afetaria o resto de sua vida. Ele foi ofendido. Pessoas ofendidas muitas vezes ofendem as pessoas.

Rebeca, demonstrando pouca compreensão do comportamento humano, ingenuamente acreditava que o assunto se resolveria em breve. Ela exortou Jacó a fugir para Harã para viver temporariamente com seu tio Labão até que a fúria de Esaú diminuísse. Ela lhe disse: "Até que se desvie de ti a ira de teu irmão, e se esqueça do que lhe fizeste. Então mandarei trazer-te de lá. Por que seria eu desfilhada também de vós ambos num mesmo dia?" (Gênesis 27.41-45).

Então Rebeca enviou Jacó para o tio Labão. Mas Jacó não conseguiu escapar da lei de semear e colher. Quem engana será enganado. Em Harã, ele trabalhou sete anos para se casar com a filha mais nova de Labão, apenas para ser enganado e se casar com a filha mais velha. Quando ele confrontou Labão sobre o engano, ele foi autorizado a se casar com a irmã que ele amava, embora isso lhe custasse mais sete anos de trabalho. Ele também foi submetido a vários outros enganos. Mas prosperou mesmo assim. Afinal, ele havia recebido a bênção.

Depois de muitos anos, o Senhor disse a Jacó que voltasse para casa na terra de Canaã e que Ele estaria com ele lá. Jacó, supondo que Esaú ainda estaria zangado com ele, preparou uma generosa oferta de paz composta de numeroso gado e outros presentes. Jacó enviou mensageiros para dizer a Esaú que ele estava a caminho e estava trazendo muitos presentes para ele. Os mensageiros voltaram e avisaram a Jacó que Esaú e quatrocentos de seus homens viriam ao seu encontro. Eles chegariam amanhã. Você pode imaginar a ansiedade que Jacó deve ter sentido. *Ele vingará o mal que eu lhe perpetrei? Ele vai me receber? O que ele fará?*

Mas Jacó achou graça diante de Deus. Naquela noite, ele teve uma conversa com um anjo que mudou seu nome e sua natureza. Seu novo nome passou a ser Israel, e ele não era mais um trapaceiro! Então Esaú chegou.

> *Disse Esaú: De que te serve toda esta manada que encontrei? Ele disse: Para achar graça aos olhos de meu senhor. Mas Esaú disse: Eu tenho bastante, meu irmão. Seja para ti o que tens. Então disse Jacó: Não, se agora tenho achado graça aos teus olhos, peço-te que tomes meu presente da minha mão, porque tenho visto teu rosto, como se tivesse visto o rosto de Deus; e tomaste contentamento em mim. Toma, peço-te, minha bênção, que te foi trazida, porque Deus graciosamente ma tem dado e porque tenho de tudo. E instou com ele, até que a tomou. (Gênesis 33.8-11)*

Observe que Jacó nunca disse: "Sinto muito por ter roubado seu direito de primogenitura e sua bênção. Por favor me perdoe". Ele não ofereceu desculpas formais. Ele basicamente disse: "Eu gostaria de pagar pelo seu perdão. Aceite meus presentes". Alguns ofensores podem nunca oferecer o pedido de desculpas que você deseja da *maneira* que você deseja. Se a reconciliação é seu objetivo, então você terá que fazer como Esaú fez e aceitar seus esforços indiretos como seu pedido de desculpas – e parar de desejar que as coisas fossem diferentes.

Muitos homens comprarão um presente para suas esposas ou farão algo a mais de bom em vez de se desculpar por seu mau comportamento. Certa vez, enquanto conduzia um seminário sobre casamento, pedi às mulheres que levantassem a mão se preferiam um pedido de desculpas em vez de um presente. A maioria das mãos se levantou. Perguntei então quantos prefeririam um pedido de desculpas e um presente. Foi unânime!

Conheço dois vizinhos que sofreram um grande rompimento em seu relacionamento quando um dos vizinhos ofendeu a esposa do outro. O vizinho ofensor fez várias tentativas para expressar sua contrição, mas sem sucesso.

"Ele não veio e pediu perdão?" Perguntei ao vizinho ofendido em meu esforço para reconciliá-los.

"Ah, sim, ele pediu", respondeu ele. "Mas ele não *se desculpou*. Portanto, eu não posso perdoá-lo".

Ali estava alguém que ficaria satisfeito em ouvir apenas certas palavras. Como povo de Deus, devemos crescer e exercer alguma maturidade espiritual. Não podemos controlar o que os outros fazem; podemos controlar apenas nossa resposta. Além disso, se insistirmos que alguém se desculpe conosco de uma certa maneira, precisamos que eles saibam especificamente o que queremos.

Guardar rancor é como segurar um carvão em brasa; ele continuará queimando você até que você o solte.

"Deixando a Vingança para Deus" – José Versus Seus Irmãos Arrependidos

Tenho certeza de que todos que já frequentaram a escola dominical conhecem a história de José encontrada em Gênesis 37–50. Muitas lições podem ser aprendidas com sua vida de adversidade (vendido como escravo por seus irmãos invejosos e jogado na prisão por uma falsa acusação), e com sua ascensão à proeminência no Egito após orquestrar um plano de resgate que salvou milhões de pessoas, incluindo seus irmãos e suas famílias, durante uma fome severa e prolongada.

Durante todo o tempo, ele manteve uma grande atitude e um compromisso com altos padrões morais. Embora ele tenha se reconciliado com seus irmãos, após a morte de seu pai, eles temiam que José retaliasse e lhes fizesse mal.

> Portanto, mandaram dizer a José: 'Teu pai, antes da sua morte, nos ordenou: Assim direis a José: Perdoa, rogo-te, a transgressão de teus irmãos e seu pecado, porque te fizeram mal. Agora, pois, rogamos-te que perdoes a transgressão dos servos do Deus de teu pai'. E José chorou quando eles lhe falavam. Depois vieram também seus irmãos, prostraram-se diante dele e disseram: 'Eis-nos aqui por teus servos'. José lhes respondeu: 'Não temais. Porventura estou no lugar de Deus? Vós bem intentastes mal contra mim, porém Deus o tornou em bem, para fazer como se vê neste dia, para conservar em vida um povo grande. Agora, pois, não temais. Eu vos sustentarei e a vossos meninos'. Assim, os consolou e falou segundo o coração deles. (Gênesis 50.16-21)

Há muito tempo José havia estabelecido em seu espírito que a vingança era trabalho de Deus. Apesar de todas as injustiças cometidas contra ele, ele nunca procurou vingar uma injustiça. Desde o momento em que foi vendido para longe de seu pai na tenra idade de 17 anos até chegar ao poder no Egito, ele humildemente se submeteu à providência divina. Ele acreditava, como nós devemos, que todas as coisas feitas *a* nós ou *contra* nós — mesmo as más ações intencionais — acabarão cooperando para o nosso bem. Ele não tinha intenção de assumir o trabalho de Deus retaliando contra seus irmãos.

Para aqueles que se atrevem a ir para outro nível de maturidade espiritual, não basta se recusar a retaliar; você deve estar disposto a tratar o ofensor como um inimigo. Sim, isso mesmo – como um inimigo:

> "Eu, porém, vos digo: Amai vossos inimigos, bendizei os que vos maldizem, fazei bem aos que vos odeiam e orai pelos que vos maltratam e perseguem" (Mateus 5.44).

Você está disposto a amar, bendizer, fazer o bem e orar por aqueles que lhe prejudicaram? Você está disposto a estar disposto?

Uma de minhas mentoras espirituais estava me aconselhando um dia sobre perdoar uma certa irmã contra quem eu estava nutrindo raiva e ressentimento. Ela me olhou nos olhos e disse: "Deborah, você precisa fazer dela o centro de sua oração. Não há como você guardar ressentimento contra alguém por quem você está constantemente intercedendo e pedindo a Deus para abençoá-la e fazê-la prosperar". Ela estava certa. Hoje, aquela irmã e eu somos amigas íntimas.

Focando no Futuro

Certa manhã, eu estava acelerando pela rodovia de Pasadena a caminho de um *workshop*. Eu estava tão focada em chegar a tempo, que não notei o policial rodoviário na motocicleta atrás de mim até que ele soou a sirene. Quando parei, ele se aproximou da minha janela e perguntou: "Você nunca olha para trás? Estou lhe seguindo há um bom tempo". Expliquei que estava tão preocupada em chegar ao *workshop* e com alguns outros desafios estressantes que não percebi que estava acima da velocidade. Depois de meu choroso pedido de misericórdia, ele me aconselhou a desacelerar e me deixou ir sem multa. Obrigada, Senhor!

Ao refletir sobre esse incidente mais tarde, o Senhor começou a falar ao meu coração sobre não olhar para trás. Olhar para trás pode ser positivo quando nosso objetivo é obter informações úteis que beneficiem o presente. Davi deu uma olhada *positiva* para trás antes de matar Golias.

Então disse Davi a Saul: Teu servo apascentava as ovelhas de seu pai, e quando vinha um leão ou um urso, e tomava uma ovelha do rebanho, saía após ele, o feria e a livrava da sua boca; e, levantando-se ele contra teu servo, lançava-lhe mão da barba, o feria e o matava. Assim feria teu servo tanto o leão como o urso; da mesma forma fará a este incircunciso filisteu, porque afrontou os exércitos do Deus vivo. (1 Samuel 17.34-36)

Se você vai olhar para trás, deve ter certeza de que seu objetivo é ensaiar uma vitória ou lembrar uma lição aprendida. Olhar para trás deve inspirar fé e coragem para enfrentar o presente.

Naquela rodovia eu poderia ter olhado para trás para ver se era seguro mudar de faixa. Mas como eu já estava na pista rápida e tinha planejado ficar lá até o final da minha viagem, não havia necessidade de olhar para trás. Olhar para trás para lamentar o fato de eu ter acabado de passar por um trânsito incomumente pesado ou para ter outro vislumbre do motorista que me cortou mais cedo teria impedido meu progresso ou poderia até ter feito com que eu batesse em algo à minha frente.

Muitas pessoas estão constantemente olhando para trás em vez de focar no futuro. Elas não estão olhando para trás para aprender com o que passaram; estão apenas lamentando o que aconteceu no passado. Elas perguntam: "Por que eu?". Antes que percebam, elas destruíram o futuro.

Vamos tirar uma lição das montadoras de carro. Você não notou que seu para-brisa é muito maior que seu espelho retrovisor? Isso porque você deveria passar mais tempo olhando para frente do que para trás! O apóstolo Paulo, recusando-se a olhar para trás, proclamou:

"Irmãos, quanto a mim, não julgo que o haja alcançado; mas uma coisa faço: esquecendo-me das coisas que ficaram para trás e avançando para as que estão adiante de mim, prossigo para o alvo, pelo prêmio da soberana vocação de Deus, em Cristo Jesus" (Filipenses 3.13-14).

Lembra da mulher de Ló? Quando Deus decidiu destruir Sodoma e Gomorra por causa de sua maldade, Ele enviou anjos para avisar Ló e sua família para que saíssem da cidade. Suas diretrizes foram muito claras:

> "Aconteceu que, tirando-os para fora, um deles disse: 'Escapa por tua vida. Não olhes para trás, nem pares em toda esta campina. Foge lá para o monte para que não pereças'". "Mas a mulher de Ló olhou para trás e se converteu numa estátua de sal" (Gênesis 19.17, 26).

A esposa de Ló desobedeceu a uma ordem direta dos anjos; como resultado, ela ficou paralisada em sua posição de "olhar para trás". Tenho certeza de que todos nós conhecemos pelo menos uma pessoa cuja conversa indica que ela está presa no passado. A tragédia é que muitas dessas pessoas são cristãs. Ninguém gosta da companhia delas. A maioria de seus parentes e amigos próximos procura maneiras de encurtar suas visitas com elas.

Se você é uma dessas pessoas, preste atenção agora. Pare de remoer os males e as desigualdades do passado. Peça a Deus para ajudá-lo a se concentrar em seu futuro. Você não é uma vítima eterna. Tudo o que aconteceu com você foi permitido por Deus e acabará por cooperar para o seu bem. Embora você nunca entenda tudo, acredite na promessa que Deus falou por meio do profeta Jeremias:

> "Porque bem sei os pensamentos que tenho acerca de vós, diz o Senhor; pensamentos de paz, e não de mal, para vos dar o fim que esperais" (Jeremias 29.11).

Se você ainda está vivo – e obviamente está se estiver lendo isso – você não terminou sua missão aqui na Terra. Você ainda tem trabalho a fazer. Foco no futuro. Não permita que o passado dite a qualidade de sua vida no presente ou no futuro.

Fico impressionada com o relato dos três meninos hebreus, Sadraque, Mesaque e Abednego, a quem o rei Nabucodonosor jogou na fornalha ardente. Quando Deus os livrou do fogo, "nem cheiro de fogo passara sobre eles!" (Daniel 3.27). Não havia nenhuma evidência, nada que emanasse deles, que indicasse que eles estiveram no fogo.

Já encontrei muitas pessoas que "cheiram a fumaça". A atitude delas diz: "Já passei pelo fogo e estou chateado com o mundo por causa disso". São os balconistas rudes, as enfermeiras insensíveis, os diáconos mal-humorados da igreja. E você? Você cheira a fumaça? Você tem uma atitude ruim que demonstra que você passou pelo fogo da aflição?

Alguns de nós estão presos às memórias do passado. Remoemos a dor diariamente. Alguém me contou uma vez uma história sobre o elefante do circo. Um curioso patrono perguntou ao treinador de elefantes como um animal tão grande poderia ser mantido sob controle sendo acorrentado a uma estaca no chão. Claramente ele poderia estourar a corrente com pouco esforço. "Você não entende", disse o treinador. "Quando o elefante era muito jovem e não sabia de sua força, ele foi amarrado com uma corrente que limitava sua mobilidade. Ele aceitou essa limitação como uma realidade permanente. Então você vê, não é a *corrente* que o prende, mas sua *memória*!"

Se você está preso a memórias debilitantes, aqui está um antídoto direto da Palavra de Deus:

> Ó Senhor, Deus nosso, outros senhores
> Têm tido domínio sobre nós;
> Mas, por Ti só, nos lembramos do Teu nome.

Morrendo eles, não tornarão a viver;
Falecendo, não ressuscitarão;
Por isso, os visitaste e destruíste
E apagaste toda a sua memória
(Isaías 26.13-14).

Qualquer que seja a memória assombrosa, você deve começar a declarar sua libertação da escravidão dela. Até os psicólogos concordam que quando você fala palavras positivas, melhora sua saúde mental. O filósofo escocês Thomas Carlyle disse que se você proclamar sua liberdade da escravidão, ela desaparecerá.

Durante um período sombrio da minha vida, agarrei-me à passagem de Isaías 26 até que Deus mudou minha situação. Fico maravilhada com o grande número de cristãos que não sabem usar a Palavra de Deus para obter sua libertação. Suas palavras têm vida; quando você as fala, elas são poderosas.

"Porque a palavra de Deus é viva e eficaz, mais penetrante do que qualquer espada de dois gumes, penetra até a divisão da alma e do espírito, das juntas e medulas, e é apta para discernir os pensamentos e as intenções do coração" (Hebreus 4.12).

Seu Desafio

Você não precisa ficar preso no passado, remoendo as ofensas que lhe foram feitas. Use estas sugestões para se desvencilhar!

1. Consagre sua língua em uma condição "sem negatividade" pelos próximos trinta dias. Após este período, um hábito terá sido estabelecido. Recuse-se a discutir qualquer injustiça ou mágoa do passado. Preste contas a um amigo próximo ou parente. Substitua todo pensamento negativo por uma promessa da Palavra de Deus. Para mais detalhes sobre como con-

duzir este desafio, veja meu livro *30 Dias Para Domar Sua Língua* (Editora Atos, 2015).

2. Comece a falar e planejar coisas que gostaria de fazer. Comece com uma pequena meta e atribua uma data de vencimento a ela. Metas sem datas de vencimento são apenas desejos. Aqui estão algumas sugestões para você começar:

- planeje uma caminhada de vinte a trinta minutos com alguém, três dias por semana.
- convide algumas pessoas para uma breve reunião de oração ou refeição de domingo nas próximas duas semanas.
- visite um hospício nas próximas semanas.

As possibilidades são infinitas. Você só precisa se desprender. Ao contrário da esposa de Ló, você ainda tem a opção de seguir em frente.

Perdoar é simplesmente libertar-se do desejo de ver o mal vingado. Lembre-se, guardar uma mágoa ou uma ofensa é como segurar um carvão em brasa; quanto mais tempo você o segura, mais ele machuca. Solte-o. Você pode fazer isso com a ajuda do Espírito Santo, "porque Deus é o que opera em vós tanto o querer como o efetuar, segundo a Sua boa vontade" (Filipenses 2.13).

Finalmente, cada vez que sou tentada a resistir ao perdão, sou lembrada de que Deus quer que eu seja um *canal* de Sua graça e misericórdia e não um *reservatório*. A água flui *através* de um canal, mas simplesmente *se acumula* em um reservatório. Deus não quer que acumulemos o perdão Dele por nossos pecados, mas nos recusemos a passá-lo para os outros. Ele é forçado a parar o fluxo.

> *"Se, porém, não perdoardes aos homens suas ofensas, também vosso Pai não perdoará vossas ofensas"*
> (Mateus 6.15).

Parte 4

Confronto e Temperamentos de Personalidade

13

O Perfil de Personalidade P.A.C.E.

Os principais problemas vivenciados pela maioria das organizações não são relacionados à tecnologia; eles estão enraizados em como as pessoas lidam umas com as outras. Embora cada pessoa seja diferente, as pessoas são motivadas por medos e necessidades comuns. Os conflitos surgem quando esses medos são explorados ou as necessidades não são atendidas pelos outros.

Na Parte 2 deste livro, examinamos os quatro estilos básicos de gerenciamento de conflitos e confrontos. Nesta seção, exploraremos quatro temperamentos básicos que a maioria de nós reflete, não apenas no conflito, mas também em nossas interações cotidianas com os outros. Esses temperamentos são muito parecidos com a forma como escolhemos lidar com o conflito.

> *Embora cada pessoa seja diferente, as pessoas são motivadas por medos e necessidades comuns.*

Hipócrates introduziu pela primeira vez o conceito de temperamentos há centenas de anos. Ele os rotulou como Fleumáticos, Sanguíneos, Coléricos e Melancólicos. Desde então, inúmeras variações foram apresentadas por vários autores e profissionais de saúde mental. A maioria das pessoas acha essas descrições intimidantes e difíceis de lembrar. Não se preocupe. O Perfil de Personalidade P.A.C.E., discutido nas páginas a seguir, permitirá que você identifique e lembre-se dos temperamentos com facilidade. Cada temperamento é comparado às categorias de pessoas encontradas em um avião: Passageiro, Atendente de Voo, Comandante e Engenheiro. Suas descrições são paralelas às do modelo de Hipócrates:

P – Passageiro (Fleumático)
A – Atendente de Voo (Sanguíneo)
C – Comandante (Colérico)
E – Engenheiro (Melancólico)

Entrevistei vários pilotos de companhias aéreas para o desenvolvimento desse perfil, e eles me informaram que o cargo de engenheiro de voo foi assumido pelo computador, exceto em aeronaves mais antigas. No entanto, a função de Engenheiro, mesmo que realizada por computador, descreve o comportamento básico desse temperamento.

Para começar, você precisa determinar qual é o seu próprio temperamento. À medida que você se familiarizar com as características de cada categoria, você desenvolverá uma melhor compreensão dos tipos de temperamento, suas necessidades e medos. E quanto melhor você entender o temperamento dos outros, mais bem preparado estará para adaptar sua abordagem ao enfrentá-los.

Antes de começar o teste, decida o ambiente (trabalho, casa, social, igreja ou outro) no qual você deseja avaliar seu comportamento normal. Isso é importante, pois muitas pessoas tendem a se comportar de maneira diferente em ambientes diferentes. Quando fiz o teste há vários anos, ele mostrou que minha assertividade não era tão significativa em casa quanto no escritório, onde eu tinha responsabilidades financeiras e administrativas muito maiores.

Siga as instruções cuidadosamente para que os resultados reflitam com precisão sua verdadeira natureza.

Teste de Temperamento de Personalidade P.A.C.E.

Por favor, anote seu Enfoque Ambiental para esta avaliação:

☐ Trabalho ☐ Casa ☐ Social ☐ Outro

Instruções: Revise todas as quatro listas de traços de personalidade. Marque cada característica que melhor descreve seu comportamento normal no ambiente escolhido. Responda rapidamente e seja honesto. Por favor, não marque as características que você *deseja* possuir, mas apenas aquelas que você normalmente exibe. Ao terminar, some o número de marcações em cada categoria. A categoria com o maior número de marcações é o seu temperamento dominante; a segunda maior é o seu temperamento secundário.

TRAÇOS "P"

___ Reservado
___ Gosta de rotina
___ Satisfeito
___ Tolerante
___ Prefere seguir aos outros
___ Bom ouvinte
___ Trabalha em equipe
___ Evita conflitos
___ Bom sob pressão
___ Lento
___ Não gosta de correr riscos
___ Sossegado
___ Diplomático
___ Pacificador
___ Indeciso
___ Confiável
___ Descontraído
___ Paciente
___ Gosta do status quo
___ Não é generoso
___ Leal
___ Tímido
___ Desmotivado
___ Relutante
___ Resmungador
___ **Total de marcações**

TRAÇOS "A"

___ Sociável, divertido
___ Generoso
___ Bom em vendas
___ Fácil de convencer
___ Inspira os outros
___ Sobrecarrega seu tempo
___ Odeia rotina
___ Bom no palco
___ Facilmente distraído
___ Espontâneo
___ Compassivo
___ Encorajador
___ Otimista
___ Emocional
___ Busca aprovação
___ Frequentemente atrasado
___ Sensível aos outros
___ Voluntário
___ Persuasivo
___ Indisciplinado
___ Esquecido
___ Desorganizado
___ Gosta de reconhecimento
___ Exagerado
___ Conciso
___ **Total de marcações**

13. O Perfil de Personalidade P.A.C.E.

TRAÇOS "C"
___ Sincero
___ Competitivo
___ Está geralmente certo
___ Odeia pedir desculpas
___ Anda e fala rápido
___ Gosta de símbolos de status
___ Confronta os conflitos interpessoais
___ Autossuficiente
___ Confiante
___ Engenhoso, entendido
___ Decidido
___ Produtivo
___ Obstinado
___ Líder
___ Orientado ao Objetivo
___ Controlador
___ Assume riscos
___ Impaciente
___ Insensível
___ Intolerante
___ Direto, franco
___ Viciado em trabalho
___ Gosta de mudança
___ Ofende frequentemente
___ Prático
___ **Total de marcações**

TRAÇOS "E"
___ Organizado
___ Arrumado
___ Gosta de trabalho técnico
___ Satisfeito em estar em segundo plano
___ Evita confronto
___ Cumpre as regras
___ Propenso à depressão
___ Sério
___ Parceiro fiel
___ Detalhista
___ Analítico
___ Leal
___ Disciplinado
___ Preocupado
___ Compra coisas de qualidade
___ Sensível
___ Implacável
___ Tem poucos amigos
___ Temperamental
___ Indeciso
___ Crítico
___ Inseguro
___ Aprecia música
___ Adora fatos
___ Planejador
___ **Total de marcações**

Pontuação: Indique o número de marcações em cada lista.

P _____   A _____   C _____   E _____

Qual é o seu temperamento dominante? _____

Qual é o seu temperamento secundário? _____

No próximo capítulo, discutiremos os resultados dessa avaliação. Devo advertir que se você respondeu sim à maioria das perguntas em mais de dois tipos de personalidade, isso pode indicar que você está tentando ser "tudo para com todos" (1 Coríntios 9.22), mas não da maneira positiva que o apóstolo Paulo recomendou para ganhar almas. Você pode estar tentando fazer amigos ou atender às expectativas de muitas pessoas (ou pode não ter certeza sobre o que os outros esperam de você). Tal comportamento pode causar muito estresse e levar a doenças relacionadas.

Seu Desafio

Quais aspectos do seu temperamento foram os mais problemáticos em seus relacionamentos (por exemplo: tendência a dizer sim quando você quer dizer não, inflexibilidade e assim por diante)? Que medidas específicas você começará a tomar hoje para minimizar ou eliminar esse comportamento?

14

Entendendo os Temperamentos

À medida que você ganha compreensão dos vários tipos de personalidade, você se tornará hábil em capitalizar seus pontos fortes e reconhecer os pontos fortes dos outros. Você também estará ciente de suas fraquezas e aprenderá a ser mais tolerante com as fraquezas dos outros. Vejamos os temperamentos do Passageiro, do Atendente de Voo, do Comandante e do Engenheiro mais profundamente.

O Temperamento do Passageiro

Os passageiros participam passivamente em um voo. Eles não se envolvem na operação da aeronave. Eles podem ter opiniões fortes sobre o voo, mas na maioria dos casos, não confrontam o comandante. Os passageiros podem até ter dúvidas, mas se abstêm de perguntar ao comissário de bordo ou optam por perguntar a outro passageiro.

Os passageiros geralmente fazem o que lhes é dito. Eles afivelam os cintos de segurança e retornam os encostos dos bancos para a posição vertical total na decolagem e aterrissagem. Eles não gostam de mudanças: sem atrasos, sem cancelamentos, sem bagagem perdida e, por favor, sem turbulência. Eles preferem o *status quo*; o voo deve partir e chegar conforme programado. Tudo deve correr bem.

Em um voo a maioria das pessoas são passageiros. A maioria das pessoas na vida são Passageiros. Existem apenas alguns comandantes ou líderes. Tudo isso faz parte do propósito divino de Deus. Imagine todos os caciques e nenhum índio, ou todos os índios e nenhum cacique. Algum propósito seria alcançado?

Antes de desprezarmos os Passageiros, vejamos os pontos fortes desse temperamento. Os passageiros são bons em reconciliar conflitos entre os outros porque acreditam fortemente na paz e na harmonia. Os passageiros são leais e confiáveis. Eles são necessários para atingir metas e objetivos. Sem passageiros, as companhias aéreas não poderiam permanecer em atividade. Fábricas e outros negócios não teriam ninguém para realizar as operações rotineiras. Os passageiros preferem a rotina. Eles são a espinha dorsal do trabalho organizado. Os passageiros são jogadores de equipe. Em uma crise, eles são capazes de sobreviver. Quantos atos de heroísmo de passageiros lemos sobre quando um avião caiu ou foi sequestrado?

Claro, o temperamento do passageiro tem suas fraquezas. Os passageiros preferem manter o *status quo*. Seu maior medo é a perda de segurança. Eles são o foco principal de todas as campanhas políticas, pois representam as massas. Os políticos prometem segurança e estabilidade, e os passageiros acreditam na promessa. Quando os passageiros se sentem traídos, eles se vingam votando silenciosamente para "eliminar os vagabundos".

Vemos o temperamento do passageiro em ação com os israelitas após o êxodo do Egito. Em várias ocasiões, eles lembraram a Moisés que ele deveria ter mantido o *status quo*. A primeira vez foi quando eles se sentiram presos entre o exército perseguidor do Faraó e o Mar Vermelho:

14. Entendendo os Temperamentos

> *Chegando Faraó, os filhos de Israel levantaram os olhos, e eis que os egípcios vinham atrás deles, e temeram muito. Então os filhos de Israel clamaram ao S*ENHOR*. Disseram a Moisés: 'Não havia sepulcros no Egito, para nos tirares de lá, para que morramos neste deserto? Por que nos fizeste isto, tirando-nos do Egito? Não é esta a palavra que te dissemos no Egito: Deixa-nos servir aos egípcios? Pois melhor teria sido servir aos egípcios que morrermos no deserto'. (Êxodo 14.10-12)*

O povo lembrou a Moisés em várias outras ocasiões que ele deveria simplesmente ter deixado as coisas como estavam. Os passageiros normalmente não se voluntariam para a liderança. Eles murmurarão que alguém deveria fazer alguma coisa, mas é improvável que eles o façam, a menos que sejam forçados pelas circunstâncias a fazê-lo. Em outra ocasião, quando os israelitas receberam a notícia de que havia gigantes na Terra Prometida, eles reclamaram:

> *Então levantou-se toda a congregação e alçou sua voz. O povo chorou naquela mesma noite. Todos os filhos de Israel murmuraram contra Moisés e contra Arão. Toda a congregação lhe disse: 'Antes tivéssemos morrido na terra do Egito! Antes tivéssemos morrido neste deserto! Por que o S*ENHOR *nos traz a esta terra, para cairmos à espada, para que nossas mulheres e nossas crianças sejam por presa? Não nos seria melhor voltarmos ao Egito?' Diziam uns aos outros: 'Levantemos um capitão e voltemos ao Egito'. (Números 14.1-4)*

Os passageiros geralmente fazem com que os Comandantes (sobre quem discutiremos mais tarde) assumam seu papel por predefinição. Como Comandante, confesso, muitas vezes tentei resistir a assumir a liderança para permitir que outros o fizessem – muitas vezes sem sucesso. Os passageiros gostam de ser conduzidos. Eles geralmente não são automotivados; eles devem ser trazidos e colocados na pista se quiserem seguir em frente.

Os passageiros são mais orientados para o relacionamento do que para a tarefa. Sendo assim, eles odeiam confronto. Em um conflito, os Passageiros podem adotar a abordagem do Abdicador. Eles costumam recuar, emocionalmente e não fisicamente. Afinal, os passageiros não gostam de mudanças. Eles permanecerão em um relacionamento por mais tempo do que qualquer outro grupo de personalidade, apenas para manter o *status quo*.

Em um conflito pessoal com um Passageiro, você deve estar atento para não forçar demais. Você deve expressar apreço sincero por tudo o que o Passageiro realizou. A abordagem sanduíche discutida anteriormente é obrigatória. Lembre-se: Pão (apreciação), depois Carne (o problema) e mais Pão (apreciação).

Mesmo que um Passageiro acredite que você se importa com ele, ele ainda pode não responder tão rapidamente quanto você deseja, especialmente se você for um Comandante. Você deve ter cuidado para não julgar o Passageiro como um conquistador passivo e apático. Ele é estável, leal e fará o trabalho.

O Temperamento do Atendente de Voo

Os Atendentes de Voo estão principalmente preocupados com o conforto e a segurança dos passageiros. Eles cumprimentam cada passageiro na entrada do avião e criam uma atmosfera amigável. Eles conversam com completos estranhos. Os atendentes mostram interesse em qualquer coisa que o estranho queira discutir. Eles fazem todos os esforços para satisfazer as necessidades dos passageiros. Em uma emergência, o atendente de voo é o primeiro a agir em nome dos passageiros. Cada atendente deve fazer todo o possível para deixar uma boa impressão nos passageiros para que eles continuem a patrocinar essa companhia aérea. Os atendentes estão sempre se voluntariando: "Você gostaria de algo para beber?" "Alguém quer cobertor?" Às vezes eles se esquecem de trazer o travesseiro ou cobertor extra que um passageiro pediu porque estão muito ocupados acomodando outro.

Os Atendentes tendem a se comprometer demais. Meu marido e eu temos um amigo que fica em apuros com a esposa porque está sempre resgatando alguém em apuros. Ele esquece que prometeu estar em casa em um determinado horário para uma atividade planejada. Ele sinceramente gosta de ajudar os outros, e todos o amam. No entanto, sua esposa nem sempre aprecia seus autossacrifícios.

Na gestão de conflitos, o Atendente de Voo normalmente adotará a abordagem do Acomodado. Em um capítulo anterior, vimos Pedro vacilando em sua tentativa de fazer amizade com gentios e judeus. O Comandante Paulo, sabendo o que era melhor, o confrontou sobre sua hipocrisia (Gálatas 2.11-15). Arão escolheu acomodar os desejos dos israelitas no deserto e construiu um bezerro de ouro (Êxodo 32.4). Certos líderes judeus optaram por não reconhecer abertamente sua fé em Jesus como o Messias porque tinham medo de serem condenados ao ostracismo por seus pares (João 12.42). Todas essas personalidades de Atendentes compartilham uma característica comum: eles temiam a rejeição ou a perda da aprovação social.

Os outros estilos de personalidade geralmente veem aqueles com temperamento de Atendente como volúvel, superficial e desejando ser o centro das atenções, já que são tão bons com as pessoas e se sentem confortáveis no centro do palco.

Lembre-se que nossas opiniões não são fatos. Devemos aceitar o Atendente da maneira que Deus o fez.

Como o maior medo do Atendente é a rejeição ou a perda da aprovação social, aqueles que confrontam o Atendente devem ter o cuidado de informá-lo que apenas seu comportamento está sendo rejeitado ou questionado. A abordagem deve ser cuidadosa e solidária, ao mesmo tempo em que estabelece metas e limites claros. Quando Jesus confrontou a mulher pega em adultério, Ele estava cheio de compaixão. No entanto, Ele a advertiu: "vai-te e não peques mais" (João 8.11). Devemos ser muito claros com os Atendentes sobre o que deve ser feito e o cronograma para fazê-lo. Mais importante ainda, devemos expressar nosso compromisso de continuar o relacionamento – supondo que você queira fazê-lo.

Os Atendentes fariam bem em seus esforços para manter a harmonia e a eficácia se fossem menos tolerantes com o desempenho medíocre dos outros. Ironicamente, esse mesmo comportamento muitas vezes faz com que alguns, especialmente os Comandantes, comecem a se ressentir, perder o respeito e rejeitar o Atendente. Torna-se o paradoxo lamentado por Jó:

> Porque o que eu temia me sobreveio, e o que receava me aconteceu. (Jó 3.25)

O Temperamento do Comandante

O Comandante é o líder da tripulação. A responsabilidade termina com ele. Como sua responsabilidade é levar os passageiros do Ponto A ao Ponto B, sua principal preocupação deve ser manter o controle da aeronave. Assim, ele é mais orientado para as tarefas do que para as pessoas. Isso não quer dizer que o Comandante não deseja interagir com os outros, mas dado seu objetivo, ele faz da tarefa sua principal prioridade. Você encontrará o Comandante socializando com os passageiros e se despedindo *após* o pouso do avião. A missão foi cumprida.

Um dos maiores pontos fortes da personalidade do Comandante é que ele é decidido. Em condições climáticas adversas, ele decide quando o sinal de "afivele o cinto de segurança" será ligado e desligado. Ele decide quando o avião deve ir para outra altitude para evitar turbulências. Ele pode executar muitas funções e não é sobrecarregado por uma carga de trabalho pesada. Ele não tem medo de problemas. Como Josué e Calebe, ele está sempre pronto para enfrentar os gigantes que ameaçam seu progresso. Quando seus companheiros espiões desanimaram e desmoralizaram a multidão com a notícia de gigantes na Terra Prometida, esses dois Comandantes tiveram uma resposta diferente:

> *Josué, filho de Num, e Calebe, filho de Jefoné, dos que espiaram a terra, rasgaram as vestes e falaram a toda a congregação dos filhos de Israel: 'A terra pelo meio da qual passamos a espiar é terra muito boa. Se o SENHOR se agradar de nós, então nos porá nesta terra e no-la dará, terra que mana leite e mel'.* (Números 14.6-8)

Josué e Calebe estavam dispostos a confiar em Deus e dar um passo de fé. Os Comandantes são corajosos e motivadores.

Os Comandantes não são tolerantes com as deficiências, incompetência ou fraquezas dos outros. Eles têm pouca consideração por aqueles que procrastinam ou que não terminam uma tarefa. O apóstolo Paulo, um Comandante do Novo Testamento, mostrou sua intolerância recusando-se a levar João Marcos em uma segunda viagem missionária depois que Marcos abandonou ele e Barnabé na primeira viagem (Atos 15.36-

40). Os Comandantes provavelmente riscarão seu nome da lista se você não se trabalhar.

Eles também gostam de ouvir que estão tendo um bom desempenho. Minha amiga Esther Eutsey reflete essa qualidade. Ela tem mais de oitenta anos e tem a personalidade de uma verdadeira Comandante. É tão direta em seu estilo de comunicação quanto possível. Ela me ajudou uma vez inserindo laços em alguns marcadores especiais que estávamos desenvolvendo, e ela fez um ótimo trabalho. Eu não estava em casa quando ela entregou o produto pronto e, devido à minha agenda de viagens, não liguei para ela por várias semanas. Mas a Comandante Esther não ia ficar sentada imaginando o que eu achava da qualidade de seu trabalho. Depois de algumas semanas, ela deixou a seguinte mensagem na minha secretária eletrônica. "Olá. É a Ester. Não tenho notícias suas desde que fiz aqueles laços. Eu os estraguei? Ligue para mim!"

Um capitão típico. Eles gostam de saber como estão se saindo para que possam manter o controle da situação. Não fogem do confronto nem temem uma avaliação negativa.

Quando estiver em dúvida sobre seu desempenho, um Comandante pedirá um feedback. Por que ponderar a situação e assumir o pior? Você pode não ser tão ousado quanto minha amiga Esther, mas, pelo menos, poderia perguntar ao seu chefe: "Você tem alguma sugestão de como eu poderia melhorar meu desempenho ou como eu poderia ter resolvido esse problema de forma mais eficaz?"

Em um conflito, um Comandante geralmente usará uma abordagem de Ditador para resolver o problema. Afinal, os Comandantes geralmente estão certos. Infelizmente, às vezes eles esquecem que nem *sempre* estão certos. No entanto, um Comandante está aberto a uma negociação de benefício mútuo se um argumento sólido e competente for apresentado, mas resistirá a generalizações ou declarações globais feitas sem fundamentos. Quando você confrontar um Comandante, lembre-se de que eles são impacientes. Você deve chegar ao ponto rapidamente e não ficar dando voltas com explicações longas e detalhadas. O Comandante precisa que o avião pouse – agora!

Embora o Comandante não se importe com confrontos, ele é o menos provável de todos os temperamentos a ser confrontado, já que ele tem a personalidade mais intimidadora e dominante. A pessoa que confronta um Comandante deve mostrar respeito por sua autoridade. Como o maior medo do Comandante é perder o controle, ele não responde bem quando alguém desafia sua autoridade ou passa por cima dele. Claro, o Comandante poderia suavizar as relações sendo menos ditatorial e dominador. Ele deve aprender a reconhecer que Deus deu a todos algo de valor para contribuir. Controlando sua impaciência, ouvindo sem interromper e valorizando a opinião dos outros – mesmo que seja apresentada de forma demorada – o Comandante minimizará a tensão em todos os seus relacionamentos.

Finalmente, o Comandante deve aprender a parar de ultrapassar seus limites. Se as limitações de sua autoridade não forem claras, ele frequentemente implementará soluções e sistemas que não tinha o direito de fazer. Claro, ele fica igualmente frustrado com aqueles que permitem que um problema permaneça. Ele deve parar de tentar resolver todos os problemas que observa. Deve abandonar sua crença sagrada de que "o comandante sabe mais".

O Temperamento do Engenheiro

O engenheiro de voo é o membro da tripulação responsável pelo desempenho mecânico do voo da aeronave. Seu trabalho exige muita atenção aos detalhes e é fundamental para um voo bem-sucedido. Você não encontrará o Engenheiro socializando com os passageiros. Seu foco está no painel de instrumentos, pressurização da cabine, uso de combustível e outros sistemas operacionais. Ele deve ser um perfeccionista na interpretação das leituras. Imagine se ele respondesse a um medidor que indicasse um mau funcionamento dizendo: "Ah, provavelmente vai ficar tudo bem. Não é nada demais". A segurança dos passageiros estaria comprometida. Você pode entender por que o computador agora executa essas funções em aviões maiores.

O ponto forte do Engenheiro é que ele é muito analítico. Ele tenderá a escolher uma profissão que a maioria das pessoas acha muito exigente. Ele estabelece altos padrões para si mesmo e para os outros. O cônjuge Engenheiro geralmente refaz uma tarefa doméstica depois que o outro cônjuge a terminou.

Meu marido, Darnell, está sempre reorganizando os pratos que coloquei na máquina de lavar; meu objetivo é simplesmente fechar a porta. Nós nos referimos brincando um ao outro como Oscar (eu) e Felix (ele) do seriado de televisão *The Odd Couple*. Felix era excessivamente organizado e conscencioso, enquanto Oscar era bagunçado e desorganizado. Para minimizar o conflito em nossa casa, cada um de nós aprendeu a ceder um pouco. Eu não deixo meus saltos altos na porta, então Darnell literalmente parou de tropeçar. Ele me dá um aviso de 30 minutos antes de voltar para casa todos os dias para que eu tenha tempo de arrumar o que precisa ser arrumado. Discutimos o que mais o irrita, e concentro-me principalmente nessas áreas. Na verdade, estou muito mais organizada agora, mas não parece nada comparado à sua limpeza.

A chave para minimizar o conflito com o Engenheiro é entender que ele simplesmente precisa de ordem. Claro, ele deve aprender que a perfeição não é uma necessidade em *todos* os trabalhos.

Os Engenheiros demoram a tomar uma decisão. Eles analisarão um problema até a morte, agonizando nos mínimos detalhes ou nas questões mais simples. "O que devo pedir para comer?" "Qual cor é melhor?" "Esta câmera digital ou aquela?" E assim por diante. Eles enlouquecem o Capitão decidido!

E, claro, os Engenheiros são muito orientados para as regras e regulamentos. Eles raramente pedirão a alguém que abra uma exceção a uma política. Também relutam em conceder uma exceção quando têm autoridade para fazê-lo.

Tal foi o caso de Ester, a rainha judia da Pérsia. Mardoqueu, seu tio, recusou-se a honrar Hamã, o oficial de alto escalão do rei, curvando-se diante dele, como o rei havia ordenado que todos fizessem. Hamã decidiu retaliar planejando o extermínio de toda a população judaica. Mardoqueu informou a Ester sobre os planos de Hamã e pediu-lhe que fosse ao rei, seu marido, implorar pela vida de seu povo. Sua primeira resposta foi que era contra a lei – ou "política da empresa" – ela ir à presença dele sem ser convidada:

> Todos os servos do rei e o povo das províncias do rei bem sabem que só há uma sentença para todo homem ou mulher que entrar no pátio interior para ir ter com o rei sem ser chamado: a morte; salvo se o rei estender para esta pessoa o cetro de ouro, para que viva. E eu nestes trinta dias não sou chamada para comparecer diante do rei. (Ester 4.11)

Mordecai a repreendeu por sua relutância em interceder por seu povo.

> Então Mardoqueu mandou que dissessem a Ester: Não imagines que, por estares na casa do rei, apenas tu entre os judeus escaparás. Porque, se de todo te calares neste tempo, socorro e livramento de outra parte virão para os judeus, mas tu e a casa de teu pai perecereis. Quem sabe se não foi para um tempo como este que chegaste à realeza? (Ester 4.13-14).

Depois de pedir aos judeus que jejuassem com ela e suas servas por três dias, Ester decidiu arriscar sua vida se aproximando do rei – apesar da lei: "Irei ter com o rei, ainda que isto não seja permitido pela lei. Se eu perecer, pereci!" (Ester 4.16). Felizmente, ela encontrou o favor do rei, e ele aceitou seu pedido para recebê-la.

Observe a seguir como ela lidou com a situação metodicamente (Ester 5.1-7). Ela não se apressou em contar ao rei o motivo de sua vinda até ele. Ela simplesmente convidou ele e Hamã para jantar. No jantar, ela prometeu dizer a ele, em um outro jantar no dia seguinte, o que ela realmente queria. Se Esther fosse uma Comandante, ela teria contado a história toda no minuto em que ele estendeu o cetro de ouro. Esqueça o jantar. Não há necessidade de prolongar o assunto; o tempo estava passando. Mas não, os Engenheiros são minuciosos e sistemáticos em sua abordagem na vida. Foi no segundo jantar que ela expôs a trama de Hamã — ali mesmo, na presença dele.

> Então respondeu a rainha Ester: 'Se, ó rei, achei graça aos teus olhos e se bem parecer ao rei, dê-se a minha vida como minha petição e o meu povo como o meu requerimento. Porque estamos vendidos, eu e o meu povo, para nos destruírem, matarem e aniquilarem. Se ainda por

servos e por servas nos vendessem, eu me calaria, ainda que o opressor não pudesse recompensar a perda do rei'. Então falou o rei Assuero à rainha Ester: 'Quem é esse? Onde está esse cujo coração o instigou a agir assim?' Disse Ester: 'O homem, o opressor e o inimigo é este mau Hamã'. Então Hamã se perturbou perante o rei e a rainha. (Ester 7.3-6).

Que confronto! O rei ficou furioso porque o perverso Hamã desejava fazer tal coisa. Ele ordenou que Hamã fosse enforcado, e os judeus foram salvos da aniquilação.

Você deve apreciar a meticulosidade do Engenheiro. Ele toma muito cuidado para ser correto, para fazer as coisas da maneira certa. Sua decisão não é baseada em emoções, mas em fatos e dados verificáveis. Não é à toa que seu maior medo é o medo da crítica. Afinal, ele se esforça tanto para produzir a perfeição.

O Engenheiro fornece o equilíbrio necessário para o Atendente de Voo excessivamente otimista e o Comandante, às vezes muito apressado. Vale a pena, para esses temperamentos, ouvir a lógica do Engenheiro. Claro, ele deve aprender quando uma análise suficiente é suficiente. Às vezes, ele tem que dar um passo de fé como Ester fez.

Quando em conflito com o Engenheiro, você deve confirmar seus fatos. Dê bastante tempo para ele expor suas perguntas, dúvidas e preocupações. Dê razões concretas pelas quais você discorda dele. Não tente persuadi-lo com emoções ou argumentos centrados nas pessoas. Seu esforço trará poucos resultados. Ele é orientado pela lógica, e as coisas devem fazer sentido.

Os Engenheiros muitas vezes acharão difícil andar pela fé e podem perder algumas das bênçãos que vêm apenas por confiar na Palavra de Deus. Portanto, se você for um Engenheiro "centrado no bom senso", sua melhor estratégia para uma vida mais plena é saturar seu espírito com as promessas de Deus. Confie Nele para obter os resultados.

Resumo

A análise anterior não pretende rotular ninguém. O perfil de temperamento é apenas uma ferramenta para entender suas próprias necessidades, medos, preferências e propensões — e as dos outros. Essas informações lhe preparam para interagir de forma sábia e harmoniosa com pessoas diferentes de você.

O temperamento de ninguém se encaixa 100% em uma única categoria. Todo mundo é uma mistura de temperamentos. Nenhuma categoria é melhor ou pior que outra; portanto, não devemos exaltar ou estimar uma acima da outra. Além disso, devemos ter cuidado para não categorizar imediatamente uma pessoa com base em nossa observação de uma única ação. Às vezes, as situações ditarão o comportamento de um indivíduo. Em uma crise, podemos ver um Atendente se tornar Comandante e exigir as ações necessárias para resolver o problema. Portanto, é importante procurar um comportamento consistente ao longo do tempo antes de atribuir um tipo de personalidade a alguém.

O perfil de temperamento é apenas uma ferramenta para entender suas próprias necessidades, medos, preferências e propensões — e as dos outros.

O Resumo Comportamental do Perfil de Personalidade P.A.C.E. no Apêndice 1 apresenta os principais traços dos quatro temperamentos e lhe dará uma visão geral rápida e uma visão mais aprofundada de suas tendências comportamentais, bem como dos outros.

Seu objetivo deve ser aprender a aceitar, apreciar e até mesmo celebrar as diferenças dos outros. Ao fazer isso, você melhorará seus relacionamentos e aumentará a qualidade de suas interações. Você também minimizará o número de conflitos interpessoais que vivencia e descobrirá que a harmonia pode ser alcançada.

Seu Desafio

Anote o nome de uma pessoa de cada relacionamento listado na página seguinte. Para cada pessoa, considere uma estratégia que você pode empregar imediatamente para ser mais eficaz em sua interação com ela.

NOME	ESTRATÉGIA
_____	Ouvirei pacientemente suas explicações detalhadas sem interrupção.
Amigo:	
_____	_____
Parente:	
_____	_____
Colega de Trabalho:	
_____	_____
Outro:	
_____	_____

Com qual tipo de personalidade você mais gosta de interagir? Por quê?

Qual tipo de personalidade é mais difícil para você interagir? Por quê?

Que fraquezas em sua personalidade você está disposto a confessar ao Senhor e permitir que Ele mude?

Parte 5

Diretrizes de Confronto para Situações Específicas

15

Interações Familiares

Agora é hora de praticar o que você aprendeu. Abaixo estão vários conflitos comuns que podem surgir em suas interações com membros da família e algumas diretrizes sugeridas para resolvê-los. Embora as situações específicas possam não refletir exatamente as suas, os princípios ainda se aplicam.

Situação: O Marido Não Cooperativo

Seu marido trabalha duro no emprego todos os dias. Você também trabalha duro todos os dias, seja no escritório ou em casa. Quando ele chega em casa, ele pega a seção de esportes do jornal e espera você terminar de fazer o jantar. Depois do jantar, você limpa a cozinha e ajuda o pequeno Johnny com a lição de casa. Você finalmente vai para a cama morta de cansaço enquanto seu marido se acomoda para assistir ao noticiário. Você se ressente que ele não lhe ajude. Você tolerou a insensibilidade dele desde que Johnny nasceu. É hora de lidar com a situação.

Diretrizes de Resolução:

- Não recorra ao comportamento passivo-agressivo – birras e mau humor – esperando que ele descubra o que está errado.
- Diga a ele o quanto você aprecia o que ele já faz (por exemplo, ser responsável financeiramente). Use muito pão no confronto "sanduíche". A maioria dos homens responde favoravelmente à apreciação.
- Não o acuse de ser insensível. Ao fazer tudo sozinha no passado, você pode tê-lo ensinado que não há problema em não ajudar. Ele não é um leitor de mentes (sim, eu sei. Ele também não é cego).
- Seja clara sobre o que você quer dele. Dê a ele *opções* em tarefas específicas – lavar pratos, dar banho na criança, lavar roupa, pagar contas – para que ele não pense que você está sendo uma resmungona chorosa.
- Mantenha a calma. Pode ter levado algum tempo para você reunir coragem para confrontar; não estrague tudo agora.
- Em seguida, reconheça e expresse seu apreço por qualquer melhoria.

Situação: Irmãos Compartilhando os Cuidados da Mãe

Sua mãe idosa se divorciou de seu pai há muitos anos. Seu cheque mensal do Seguro Social não é suficiente para cobrir todas as suas necessidades financeiras atuais. Você tem quatro irmãos, três dos quais são muito responsáveis, embora não tão seguros quanto você, o advogado. Seu irmão, Ron, faz trabalhos esporádicos de vez em quando, mas é sustentado principalmente pela namorada dele.

Você ligou para o resto de seus irmãos com um pedido de ajuda financeira para sua mãe. Todos, exceto Ron, concordaram em pagar R$ 150 por mês. Ron diz que não pode se comprometer com um valor específico porque seus ganhos são esporádicos. Ele diz que sempre que tiver um dinheirinho extra, ele vai dar para ela.

Você desaprova todos os aspectos da vida de Ron. Você se pergunta se ele vai amadurecer. Você está com raiva porque o compromisso dele é muito vago. Você decidiu que ele deve se comprometer com algo mais definido e liga para ele para dizer isso.

Diretrizes de Resolução:

- Mantenha uma atitude positiva. Não se refira à irresponsabilidade dele ou ao seu estilo de vida. Atenha-se ao problema em questão – obter apoio para sua mãe, e não mudar seus modos de vida.
- Pergunte a ele qual o compromisso financeiro mínimo que ele poderia assumir para o apoio econômico proposto.
- Se ele insistir que não pode contribuir, tente negociar um compromisso não financeiro. Por exemplo, como a agenda dele é flexível, pergunte se ele se comprometeria dois dias por semana para levá-la ao médico, ou para fazer outras tarefas, ou apenas fazer companhia a ela por um tempo.
- Não se gabe nem reclame de ter que cobrir a maior parte do orçamento. Ele pode se ressentir com você.
- Diga a ele o quanto você e a mãe dele apreciarão qualquer esforço que ele fizer.

Situação: A Meia-verdade e Nada Além

Seu marido, Robert, um gerente corporativo, disse a você que estava levando Jim e Molly para almoçar para mostrar sua gratidão pela assistência ao departamento dele durante uma recente auditoria do governo. Você não pensou mais nisso até mais tarde, quando ele mencionou que o serviço havia sido bom e que os *quatro* haviam gostado muito da comida. Com sua curiosidade normal, você pergunta quem foi a quarta pessoa. Ele admite timidamente que sua atraente gerente assistente, Lila, também se juntou a eles. Agora você está chateada, não porque ela se juntou a eles, mas porque Robert sentiu a necessidade de esconder isso. Até este ponto em seu casamento de 20 anos, ele nunca lhe deu uma razão para duvidar de sua integridade. Mas agora você está se fazendo perguntas.

Diretrizes de Resolução:

- Respire fundo e peça ao Espírito Santo para acalmar suas emoções.
- Não acuse imediatamente Robert de ter um caso com Lila.
- Pergunte a Robert por que ele sentiu a necessidade de esconder a verdade. Ouça com atenção a explicação dele.
- Pergunte a si mesma se, talvez, você tenha expressado uma quantidade excessiva de ciúme que poderia ter feito Robert temer sua resposta se você soubesse a verdade.
- Deixe-o saber o impacto que a mentira teve sobre você (por exemplo, desapontamento ou perda de confiança).
- Tome a decisão de perdoá-lo. Dica útil: estenda a ele a mesma graça que Deus estendeu a você por suas ofensas!

- Não remoa o incidente toda vez que Robert não fizer o que você pediu.

Situação: O Adolescente Gastador

Você dá uma mesada ao seu filho de dezesseis anos no primeiro e no décimo quinto dia de cada mês. Desde que ele começou a namorar uma garota de uma família rica, ele sempre parece precisar de um pouco de dinheiro extra antes da próxima data da mesada. Nas primeiras vezes que ele pediu, você o atendeu. No entanto, você percebe que está impedindo que ele aprenda a administrar seu dinheiro. Você tem sido um bom pai solteiro (ou mãe solteira) e prefere não ter nenhuma tensão no relacionamento. Mas o amor tem que ser firme.

Diretrizes de Resolução:

- Diga ao seu filho, em um tom determinado, que você o ama demais para continuar a suprir seus gastos financeiros.
- Mantenha sua posição; deixe-o colher as consequências do excesso de gastos.
- Sugira que ele encontre maneiras de baixo custo para entreter sua nova paixão.
- Incentive-o a procurar um emprego de meio período.

Situação: A Avó Cansada de Ser Babá

Vovó, você acabou de desligar de uma conversa com seu filho, que anunciou que traria as crianças para passar o fim de semana. Ele e sua esposa estão indo para Las Vegas para se divertir um pouco. No fim de semana passado, seus velhos amigos da faculdade estavam na cidade, e ele precisou de você para tomar conta das crianças também. Desde a morte de seu marido, eles assumiram que você não tem mais nada para fazer. Você não quis dizer isso literalmente quando disse que está sempre disponível. Na verdade, você recentemente se juntou a um grupo de apoio na igreja e está ansiosa pelas atividades planejadas. Você raramente tem tempo para tomar conta das crianças. Confronte seu filho.

Diretrizes de Resolução:

- Reitere o quanto você ama seus netos.
- Expresse sua empolgação com suas novas atividades extracurriculares e o compromisso que você assumiu para realizá-las ao máximo.
- Admita a responsabilidade por criar a situação que agora está lhe incomodando.
- Expresse sua intenção de se aposentar como babá, exceto quando for conveniente para você.
- Abandone o medo de que ele retaliará, recusando a deixá-la ver os netos; você sempre será a babá mais confiável.

16
Interações Comerciais

Pergunte a qualquer pessoa que tenha trabalhado em um escritório ou outro ambiente de negócios, e ela lhe dirá que o local de trabalho é onde você verá o drama de cada temperamento se desenrolar diariamente. Os cenários abaixo são uma amostra de situações típicas que podem surgir em seu ambiente de trabalho ou profissional. Eu sugeri algumas diretrizes gerais para lidar com cada um. O momento certo é importante para confrontar os problemas, a fim de esclarecer metas e objetivos e minimizar o estresse.

Situação: O Assistente Sobrecarregado

Você foi recentemente contratada para trabalhar para uma pequena empresa de contabilidade. O salário é ótimo e os três sócios são todos cristãos maravilhosos. Ontem foi o primeiro dia da temporada mais movimentada. Cada sócio, todos com temperamento de Comandante, deu a você uma lista de tarefas a serem executadas. Claramente, você não será capaz de completar todas elas no tempo previsto. Além disso, você não poderá fazer muitas horas extras, já que seu marido passou recentemente por uma grande cirurgia e ainda está imobilizado. Você entende os tipos de personalidade e já sabe que os três sócios, embora cristãos, não serão solidários aos problemas pessoais que lhe afastam do trabalho.

Diretrizes de Resolução:

- Peça clareza sobre quem é seu chefe imediato e cujo trabalho é prioridade.
- Revise minuciosamente as tarefas para obter uma estimativa do tempo necessário para completá-las.
- Peça ao seu chefe imediato para classificar ou aprovar sua classificação quanto às prioridades. Atenção: não fique frustrada se o chefe considerar uma tarefa mais importante do que você acha que ela é. Submeta-se à autoridade dele. Lembre-se que a responsabilidade não termina em você.
- Seja tão flexível quanto sua vida pessoal permitir. Se você puder trabalhar meio período no sábado ou trabalhar duas horas extras na quarta-feira, faça isso.
- Se a temporada movimentada parece nunca terminar, peça a Deus para abrir outra porta de emprego. Seu empregador não é sua fonte de emprego, mas um canal escolhido para um tempo específico.

Situação: A Chefe Pouco Profissional

Sua chefe não tem habilidades com pessoas. Ela confronta sua equipe abertamente e em voz alta. Este é um verdadeiro obstáculo para você. Antes de ingressar na empresa há vários meses como gerente de projeto júnior, você perguntou especificamente se os funcionários eram tratados com dignidade e respeito. Ela lhe assegurou que sim.

Esta manhã, na reunião semanal da equipe, ela teve um confronto hostil com um dos gerentes de projeto. Ela o humilhou enquanto o resto da equipe estava sentado em um silêncio de pedra. Você reconhece a necessidade dela de salvação e, assim, pacientemente "olha além das falhas dela e vê suas necessidades". No entanto, você decidiu que ela deve ser informada sobre como seu comportamento está afetando o moral da equipe, bem como a imagem da empresa.

Diretrizes de Resolução:

- Convide-a para um local privado para discutir o assunto, pois ela pode se tornar hostil e constrangê-la também. Saiba que há um risco em confrontar. Ao admoestar-nos a confrontar, Jesus sabia que nem sempre isso pode correr bem: "Ora, se teu irmão pecar contra ti, vai e repreende-o particularmente; se ele te ouvir, ganhaste teu irmão; se não te ouvir…" (Mateus 18.15-16).
- Use a abordagem sanduíche discutida anteriormente.

Pão: agradeça a ela por concordar em falar com você. Diga a ela os pontos fortes que você observou nela. Mencione qualquer outra coisa que você possa elogiar sinceramente sobre suas habilidades de trabalho (coisas que você aprendeu com ela, por exemplo).

Carne: embora você não tenha experimentado pessoalmente a ira dela, assuma o problema de qualquer maneira. Você pode ser a próxima! Descreva uma situação específica que você testemunhou na qual ela se comportou de maneira não profissional. Explique como você se sente quando outro funcionário é humilhado. Tenha cuidado para não usar declarações ou frases de julgamento, como "você sempre…" ou "você nunca…".

Pão: reafirme seu compromisso em apoiá-la pessoalmente, bem como em apoiar os objetivos da empresa.
- Agradeça a ela por estar disposta a ouvi-la.

Situação: Aumento de Salário por Mérito Negado

Seu aumento de salário por mérito foi negado por três anos seguidos. Você sabe que está fazendo um bom trabalho e treinou mais da metade das pessoas em seu departamento. Além disso, você passou por um revés financeiro inesperado no mês passado e suas economias estão quase esgotadas. Você poderia usar o dinheiro extra. Você planeja confrontar o chefe para descobrir o que impediu seu aumento.

Diretrizes de Resolução:

- Mantenha um registro pessoal de suas realizações no trabalho; consulte-o quando for apresentar o seu pedido de aumento salarial.
- Nunca peça um aumento baseado em suas obrigações financeiras. Os aumentos devem ser baseados no valor do seu trabalho e no seu desempenho.
- Se seu pedido for negado, peça recomendações específicas sobre o que você precisa fazer para que seu pedido seja atendido posteriormente. Faça um acordo sobre o período que será considerado "mais tarde".
- Ore e espere que Deus aja em seu favor e lhe dê o favor de seus superiores.

Situação: Assédio Sexual

Você está sendo assediada sexualmente por um gerente de outro departamento que faz parte da rede dos importantes executivos. Ele joga tênis com seu chefe duas vezes por semana. Seus assédios começaram há algumas semanas, quando ele deu um longo olhar de desejo em você no bebedouro. Você acredita que deve cortar isso pela raiz antes que vá mais longe.

Diretrizes de Resolução:

- Peça ao Espírito Santo para lhe dar as palavras que terão maior impacto.
- Aproxime-se dele em seu escritório enquanto ele estiver sozinho. Permaneça de pé.
- Esqueça a abordagem do sanduíche e vá direto ao cerne da questão. "Você pode não estar ciente disso, mas seu comportamento em relação a mim constitui assédio sexual". Olhando diretamente em seus olhos com uma expressão séria, afirme enfaticamente: "Isso deve parar. Se tal comportamento continuar, terei que denunciá-lo". Use as palavras específicas que Deus lhe deu.
- Se o assediador não levar você a sério, ou se ele tentar minimizar sua preocupação, assegure-o que você levará o problema para o superior dele. Lembre-se de que você não está tentando preservar um relacionamento aqui.

17

Interações Sociais ou de Outro Tipo

Nesta seção final sobre praticar o que você aprendeu, analisaremos os relacionamentos que você tem que adicionam diversão ou melhoram a qualidade de sua vida. Com certeza, você não deseja tolerar drama desnecessário ou outros problemas relacionados a eles. Tente responder a esses casos sem primeiro olhar para as diretrizes sugeridas e veja como as duas respostas se comparam.

Situação: Compartilhando a Conta

Toda sexta-feira à noite, você e vários de seus amigos se encontram em um restaurante local para jantar. Parece que você sempre acaba pagando uma parte desproporcional da conta. Por exemplo, na semana passada, depois que a conta foi dividida igualmente, sua parte foi de R$ 25,00, e você pediu apenas uma tigela de sopa de R$ 7,00!

Você está começando a se ressentir que alguns no grupo pedem aperitivos caros, bebidas extras e sobremesas. Você quer continuar esses encontros, mas prefere pagar sua comida separadamente. Você ficou quieto até agora por medo de que os outros o chamassem de "mesquinho" se você pedisse para pagar separado.

Diretrizes de Resolução:
- Primeiro, esteja ciente de que alguns restaurantes não fazem contas separadas para um grupo de cinco ou mais pessoas.
- Leve dinheiro suficiente para pagar apenas o que pretende pedir e uma gorjeta generosa.
- Anuncie despreocupadamente antes de fazer seu pedido que você será um melhor administrador do seu dinheiro (ou da sua dieta) e que vai gastar apenas uma certa quantia. Portanto, você vai pedir o _____.
- Quando a conta chegar, tente pegá-la primeiro para confirmar a exatidão de suas cobranças. Coloque o valor apropriado, incluindo impostos e gorjeta, na mesa. Ignore educadamente qualquer tentativa de cobrá-lo com uma maior proporção da conta. Se você estiver realmente desconfortável, peça licença para ir ao banheiro depois de colocar seu dinheiro na mesa e deixe o resto do grupo descobrir a parte deles da conta. Se você estiver pagando com cartão de crédito junto de outras pessoas que estão pagando suas partes com cartão de crédito, basta informar ao garçom quanto cobrar no seu cartão. Faço isso com frequência e é bem simples.

Situação: "Eu Odeio Minha Entrada!"

O orçamento deste mês finalmente permite que você jante em um determinado restaurante sofisticado. Você pede o especial do dia por sugestão do seu garçom. Após a primeira mordida, você percebe que não é o que você esperava. É muito calórico para sua dieta. Você se sente mal com isso porque o garçom foi muito legal. No entanto, você se comprometeu a abandonar seu estilo Abdicador de gerenciamento de conflitos, então decidiu devolver a entrada.

Diretrizes de Resolução:

- Não demore. Conheço uma mulher que, ao consumir uma porção inteira de panquecas, exigiu que fossem descontadas de sua conta. Ela alegou que elas estavam queimadas! O garçom não conseguiu encontrar um fragmento de evidência para comprovar a afirmação dela.
- Explique calmamente ao garçom porque você está devolvendo o prato.
- Não seja hostil com o garçom por causa de sua decepção; ele não preparou a comida.
- Antes de pedir o prato substituto, pergunte como ele é preparado e como os clientes reagiram a ele.

Situação: Os Hóspedes Ingratos

Você é um orador iniciante, escritor ou outro profissional. Durante o mês passado, você participou de vários seminários caros sobre como ter mais sucesso em sua profissão. Você convida um pequeno grupo de senhoras com aspirações semelhantes para sua casa para compartilhar com elas os valiosos *insights* que você obteve nos seminários. Você serve um almoço leve e também distribui materiais impressos que você montou. Todas agradecem sua gentileza ao partirem. No entanto, apenas duas delas enviam uma nota de agradecimento para expressar formalmente sua gratidão. Você se incomoda com a falta de educação de quem não mandou cartão nem ligou. Você está refletindo se deve dizer a elas como se sente sobre o comportamento delas.

Diretrizes de Resolução:

- Pergunte a si mesmo(a) qual foi o seu verdadeiro motivo para convidá-las. Foi para se exibir ou para compartilhar informações?
- Perceba que nem todos compartilham sua elegância ou boas maneiras. O comportamento dessas mulheres não significa que foram ingratas. Elas provavelmente não tinham a menor ideia de que lhe ofenderam. Lembre-se de que: "O entendimento do homem retém sua ira, e sua glória é passar sobre a transgressão" (Provérbios 19.11). Então esqueça! Este não é um padrão de comportamento que afetará a qualidade de sua vida atual.

Situação: O Pastor Incompetente

Você pertence a uma pequena igreja que faz parte de uma denominação democrática. O pastor designado para a igreja pela sede não está dando certo. Seus sermões são chatos e sem inspiração. Ele não tem visão para a igreja e não se importa com a comunidade ao redor – espiritual ou socialmente. Além disso, ele está com problemas de saúde.

Você é membro de vários comitês proeminentes, mas não do comitê responsável pela remoção do pastor. Você tem um relacionamento aberto, honesto e de apoio com o pastor. No entanto, acredita que incorreria na ira de Deus por "tocar seu ungido" se você participasse de alguma forma para ajudar a removê-lo.

O comitê pastoral assumiu uma postura de avestruz – enterrando a cabeça na areia – e juntou-se ao resto da congregação murmurando sobre sua incompetência e desejando que ele renunciasse.

Diretrizes de Resolução:

- Resista à tentação de se juntar à murmuração.
- Pergunte a Deus se Ele está chamando você para ser o "Samuel" do pastor (veja 1 Samuel 3.11-18), dizendo como ele está afetando a congregação.
- Se Deus lhe der luz verde para discutir o assunto com o pastor, assuma o problema quando se encontrar com ele. Diga como o desempenho dele afetou você pessoalmente, assim como os outros membros.
- Não exija sua demissão. Permaneça em seu papel de mensageiro.
- Se o pastor não renunciar, ou você não perceber melhora em um tempo razoável, procure outra igreja. Seu bem-estar espiritual está em risco.

Situação: O Diácono Fornicador

Você, o pastor, já ouviu falar que Jim, copresidente do conselho de diáconos, foi morar com a namorada. Jim tem sido um dizimista fiel e um bom líder. Você notou, no entanto, que sua participação nas reuniões semanais dos diáconos tem sido esporádica. Ele também parece ter perdido um pouco de seu zelo pelo Senhor. Como pastor, você acredita que deve abordar esse assunto imediatamente para minimizar ainda mais o impacto negativo em Jim e na congregação.

Diretrizes de Resolução:

- Ligue para Jim e marque um horário para encontrá-lo imediatamente.
- Não o acuse de ser culpado. Em vez disso, pergunte se o boato é verdadeiro.
- Se ele admitir o delito, explique-lhe as consequências predeterminadas, que devem incluir a renúncia imediata de sua posição de liderança, submissão ao aconselhamento espiritual e outras medidas cabíveis. (Você também pode exigir que ele confesse seu pecado à igreja, pois é de conhecimento público).
- Expresse seu desejo e compromisso de vê-lo restaurado a um relacionamento correto com Deus e com a igreja.
- Saiba que seu valor aumentará aos olhos da congregação quando eles lhe virem exercitando a coragem de enfrentar um assunto delicado.

Situação: Uma Amiga Parasita

Uma parente ou amiga pediu dinheiro emprestado a você e convenientemente se esqueceu de lhe pagar — novamente. Você se ressente porque ela gasta mais do que possui, enquanto muitas vezes você renuncia a certos prazeres para economizar dinheiro. Ela agora se encontra em outro problema financeiro. Ela pergunta se pode "pegar um pouco de dinheiro emprestado". Você decidiu pôr um fim nisso.

Diretrizes de Resolução:

- Seja como um disco arranhado ao dizer não.
- Perceba que, sempre socorrendo a pessoa, você está permitindo que ela continue irresponsável.

- Não deixe a porta aberta para um pedido futuro dizendo que não tem dinheiro *desta vez*.
- Recuse-se a ser manipulado ou sentir-se culpado.

Situação: A Amiga Imodesta

Lucy aceitou o Senhor e ingressou na igreja no ano passado. Desde então, ela e você participaram de vários eventos juntas e ocasionalmente gostam de conversar ao telefone. Lucy é verdadeiramente atraente; ela tem, e ostenta. Algumas de suas roupas são absolutamente indecentes, mas ela as usa na igreja de qualquer maneira.

Ela é o foco das atenções por onde passa. Mesmo os homens altamente espirituais lutam para não olhar para ela. Você quer vê-la amadurecer no Senhor e ser mais modesta em seu vestido. Você decidiu que é hora de discutir isso com ela.

Diretrizes de Resolução:

- Não tão rápido! Você ganhou o direito de se intrometer em uma área tão sensível da vida dela? Ela sabe que você realmente se importa com ela?
- Quanto você sabe sobre quaisquer problemas do passado dela que possam tê-la levado a pensar que se vestir dessa forma é a única maneira de ser valorizada?
- Se você acredita honestamente que conquistou o direito de falar sobre esse assunto, comece fazendo algumas perguntas não acusatórias, como: "você notou como a maneira que você se veste afeta os homens da igreja? Talvez não tenha ciência disso, e se assim for, eu me importo o suficiente para torná-la ciente disso". Ou: "o que você acha que Deus pensa sobre como você se veste? Você perguntou a Ele?"

- Você pode compartilhar uma dificuldade passada que superou para não parecer presunçosa.
- Você pode dar a ela um livro sobre modéstia ou compartilhar com ela as Escrituras sobre esse assunto.
- Reafirme seu compromisso em manter uma relação mutuamente benéfica.

Um Confronto que Deu Errado

Contexto: Connie ouve rumores de que seu irmão George está permitindo que pessoas indesejáveis fiquem na casa que ele ocupa com sua mãe idosa, Grace. A família é sustentada pela renda da Previdência Social de Grace e pelas contribuições ocasionais dos sete irmãos restantes. Sob um programa especial financiado pelo governo, George recebe uma bolsa mensal para ser o cuidador de Grace. George também é viciado em drogas – o que explica por que ele não tem um emprego "de verdade". Infelizmente, ele é o único irmão disponível para ajudar Grace dessa maneira, já que ela precisa de cuidados 24 horas.

Os outros irmãos de Connie estão cientes do tipo de visitantes duvidosos na casa de Grace e de outros problemas, mas não têm intenção de confrontar George porque ele tem um temperamento explosivo e preferem ficar quietos para manter a paz. Connie, uma pessoa determinada bem-sucedida, não se intimida com ninguém. Ela é conhecida por confrontar os problemas e efetuar uma resolução rápida. Ela decide fazer uma visita a George.

Connie: "George, ouvi dizer que você está permitindo que bandidos passem a noite nesta casa. Por que diabos você está colocando a mamãe em perigo? Você não é o dono deste lugar e não tem o direito de permitir que alguém durma aqui. Você está louco?"

Jorge: "Do que você está falando? E se eu deixar um amigo passar a noite ocasionalmente? Pelo menos estou aqui com a mamãe. Você é muito ocupada para vir aqui mais de uma vez por mês. Se você não gosta do que eu faço, problema seu! Tudo que você faz é reclamar e criticar! Eu não tenho que ouvir essa loucura". *Ele grita e bate à porta.*

Análise do Confronto

Embora Connie tenha feito a coisa certa ao confrontar George, ela não obtee os resultados desejados: um compromisso de George de mudar seu comportamento. Que princípios de confronto efetivo ela violou?

> *"Rotular negativamente a personalidade de alguém certamente força-o a adotar uma posição defensiva, porque o rótulo negativo ataca a necessidade pessoal do outro e ter uma imagem positiva de si mesmo".*

Primeiro, Connie fez uma acusação baseada em boatos. Ela não perguntou a George se a história era verdadeira. Em segundo lugar, ela destruiu sua dignidade quando ela o lembrou do óbvio – que ele não era o dono da casa. George provavelmente lamenta diariamente sua situação. Finalmente, ela rotulou negativamente sua personalidade perguntando "Você está louco?" Em seu livro, *Managing Interpersonal Conflict (*Administrando Conflitos Interpessoais), William A. Donohue adverte: "Rotular negativamente a personalidade de alguém certamente força-o a adotar uma posição defensiva, porque o rótulo negativo ataca a necessidade pessoal do outro e ter uma imagem positiva de si mesmo. Na verdade, poucas pessoas gostam que outras pessoas avaliem sua personalidade porque essas avaliações são como dizer: 'Você é ruim e não pode fazer nada a respeito'"[9].

George ficou magoado com os comentários dela e retaliou – uma resposta natural quando atacado. Ele a lembrou que Grace era obviamente uma prioridade baixa na agenda dela. Ele tentou empatar o jogo fazendo Connie se sentir culpada.

E se Connie tivesse tentado uma abordagem mais positiva? Vamos imaginar qual poderia ter sido o resultado.

Connie: "George, eu aprecio que você cuide da mamãe. Graças a você, ela pode morar em casa em vez de em um asilo. [Esta é a abordagem do pão do sanduíche discutida no Capítulo 9]. Eu gostaria de falar com você sobre alguns rumores que ouvi sobre pessoas indesejáveis que passam a noite aqui. Isso é verdade?"

Jorge: "Sim, é verdade. Alguns dos meus amigos foram expulsos por suas namoradas ou membros da família, ou estão com pouca sorte. Eu os deixo passar uma ou duas noites aqui até que as coisas se ajeitem em casa. Esses caras ficaram do meu lado e me permitiram dormir na casa deles quando você me expulsou desta casa. Eu não posso virar as costas para eles. Eles não estão machucando ninguém passando a noite aqui".

Connie (com voz calma): "George, eu sei que você tem um grande coração e tem dificuldade em dizer 'não' a pessoas com problemas. Você e mamãe são muito parecidos nesse aspecto e é uma característica admirável [Mais pão... muito importante; aqui vem a carne]".

"Infelizmente, essa situação não pode ser permitida. Isso não apenas ameaça a segurança da mamãe, mas também compromete o apoio financeiro que você recebe para cui-

---

9 William A. Donohue com Robert Kolt, *Administrando Conflitos Interpessoais* (Newbury Park, CA: Sage Publications, 1992), 44.

17. Interações Sociais ou de Outro Tipo

dar dela. O estado pode declarar que ela é inelegível para benefícios de um cuidador em casa se souberem que outras pessoas ficam aqui de tempos em tempos. Como cuidador da mamãe, estou pedindo que você não permita que ninguém passe a noite aqui novamente. Se o fizer, serei forçada a pedir-lhe que se mude. Vou contratar outra pessoa para morar aqui e cuidar da mamãe".

"Se o benefício dela for interrompido, ela terá que morar em uma casa de repouso e você será forçado a encontrar outro lugar para morar. Quando seus amigos baterem na porta, use-me como bode expiatório e explique que gostaria de ajudar, mas que enfrentará consequências terríveis se o fizer. [Agora mais pão... muito importante; é um sanduíche, lembra?] Não faça isso com você mesmo, George. Nós precisamos de você e a mamãe precisa de você".

Arrisco-me a dizer que com esta abordagem, cujo tom é encorajador e não acusador, a resposta de George será muito mais positiva do que a sua resposta ao confronto inicial carregado de acusações e hostilidade.

Epílogo

O confronto traz um risco. Jesus reconheceu isso quando nos ordenou que confrontássemos aqueles que nos ofenderam. "Ora, se teu irmão pecar contra ti, vai e repreende-o particularmente; se ele te ouvir, ganhaste teu irmão; se não te ouvir, leva ainda contigo um ou dois, para que pela boca de duas ou três testemunhas toda a palavra seja confirmada" (Mateus 18.15-16).

Você pode seguir todos os princípios do confronto eficaz discutidos neste livro e ainda assim não obter a resposta desejada. Isso não significa que o confronto falhou. Você não é responsável pela resposta de outra pessoa. Você plantou a semente; mas não pode fazê-la crescer. Você obedeceu a Deus; o resto é com Ele.

Depois de aprender a confrontar ofensas pessoais e deixar de ser uma vítima, você se sentirá empoderado. Você vai parar de conversar consigo mesmo sobre o que devcria ter dito ou se lamentar porque não falou. Sua autoestima aumentará e você ganhará o respeito dos outros. No entanto, outros podem inicialmente ser afastados pelo seu novo comportamento.

Ouvi o Dr. James Dobson, o popular psicólogo cristão, dizer que certa vez falou ao seu filho jovem e expansivo: "Quando você diz o que realmente quer dizer, algumas pessoas vão pensar que você é realmente maldoso". É por isso que é importante receber as palavras de Deus para que você possa falar com a "língua erudita" (Isaías 50.4). Nunca há necessidade de ser ofensivo. No entanto, algumas pessoas podem ficar ofendidas ou até magoadas com a verdade que você compartilha com elas. Como a cirurgia, o confronto é muitas vezes acompanhado de dor. Jó declarou: "Oh, quão fortes são as palavras da boa razão!" (Jó 6.25).

> *"Quando você diz o que bem quer, algumas pessoas vão pensar que você é bem cruel".*

O confronto é necessário para o crescimento. Se nos importamos com algo, confrontaremos e creremos em Deus para obter um resultado favorável. Então, da próxima vez que você for tentado a sofrer em silêncio, a engolir sua raiva, explodir, recuar ou enterrar a cabeça na areia, pare e planeje um confronto eficaz. Aristóteles disse: "Qualquer um pode ficar com raiva – isso é fácil. Mas ficar zangado com a pessoa certa, na medida certa, na hora certa, com o propósito certo e da maneira certa – isso não é fácil".

A boa notícia é que você não precisa confiar em sua própria força para diminuir sua raiva. Nem você deve depender de sua própria engenhosidade para trazer paz a uma situação. Nosso Senhor nos deu um mandato para iniciar a reconciliação, quer sejamos ofendidos ou ofensores. Somente um confronto efetivo fará a ponte entre conflito e cooperação, entre mágoa e harmonia. Por meio da aplicação da Palavra de Deus, você pode confrontar eficazmente sem ofender.

Apêndice 1

Resumo Comportamental do Perfil de Personalidade P. A. C. E.

	PASSAGEIRO	ATENDENTE DE VOO
Padrão de comportamento:	Aberto / indireto	Aberto / direto
Conhecido por:	Constância / lealdade	Cordialidade
Temores:	Mudança	Desaprovação
Necessidade / o que busca:	Segurança	Reconhecimento
Ritmo:	Lento / tranquilo	Rápido / espontâneo
Prioridade:	Manter os relacionamentos	Relacionamentos / interação
Aparência	Casual, conforme	Moderno, elegante
Local de trabalho	Pessoal, descontraído, cordial, informal	Estimulante, pessoal, desorganizado, cordial
Sob pressão irá:	Sujeitar-se / aquiescer	Atacar / ser sarcástico

Ganha segurança com:	Relações íntimas	Flexibilidade
Quer manter:	Relacionamentos	Status
Necessita que os outros apoiem seus (suas):	Sentimentos	Ideias
Consegue aceitação mediante:	Conformidade, lealdade	Ambiente divertido e estimulante
Quer que você seja:	Agradável	Divertido
Quer ser:	Apreciado	Aceito
Irrita-se com:	Insensibilidade, impaciência	Tédio, rotina
Mede seu valor pessoal pelo (a):	Sua compatibilidade com os outros / profundidade de seus relacionamentos	Aceitação, reconhecimento, elogios
Expressão familiar:	"Espera"	"Sim"
Suas decisões são:	Ponderadas	Espontâneas
	COMANDANTE	**ENGENHEIRO**
Padrão de comportamento:	Autossuficiente / direto	Independente / indireto
Conhecido por:	Ser dominante	Ser complacente
Temores:	Perda do controle	Críticas
Necessidade / o que busca:	Produtividade	Precisão
Ritmo:	Rápido / apressado	Lento / sistemático
Prioridade:	Os resultados das tarefas	O processo das tarefas

Aparência	Profissional, funcional	Formal, conservador
Local de trabalho	Formal, eficiente, estruturado	Estruturado, organizado, funcional, formal
Sob pressão irá:	Ditar, afirmar	Afastar-se / evitar
Ganha segurança com:	Controle	Preparação
Quer manter:	Sucesso	Credibilidade
Necessita que os outros apoiem seus (suas):	Objetivos	Lógica, fatos
Consegue aceitação mediante:	Liderança, competição	Exatidão, meticulosidade
Quer que você seja:	Conciso	Preciso
Quer:	Estar no comando	Estar correto
Irrita-se com	Ineficiência, indecisão	Surpresa, imprevisibilidade
Mede seu valor pessoal pelo (a):	Resultados, progresso mensurável	Precisão, exatidão
Expressão familiar:	"Próximo"	"Talvez"
Suas decisões são:	Rápidas	Deliberadas

Apêndice 2

Índice de Conflitos Bíblicos

"Confronto Sem Retaliação" 18
Davi versus Saul (1 Samuel 24.1-22)

"Pare com Sua Hipocrisia!" 27
Paulo versus Pedro (Gálatas 2.11-21)

"Quando Ditar é Melhor" 34
Jesus Purifica o Templo (Mateus 11.15-17)

"Faça do Seu Jeito" 42
Abrão e Ló (Gênesis 13.5-12)

"O Acomodado Eloquente" 45
Arão Versus a Multidão (Êxodo 32.1-6)

"Limites com Consequências" 51
Jesus e o Jovem Rico (Lucas 18.18-25)

"O Ressentimento de um Abdicador" 59
O Irmão do Filho Pródigo (Lucas 15.11-32)

"O Acomodado, o Ditador e o Abdicador" 61
Abrão, Sarai e Hagar (Gênesis 16.1-10)

"Pedir o Que Você Quer" 68
As Filhas de Zelofeade (Números 27.1-11; 36.1-12)

"Comer Ou Não Comer *Kosher*"... 72
Daniel versus o Rei (Daniel 1.3-21)

"Você Está Prejudicando a Organização" 82
Rei Aquis versus Davi (1 Samuel 29.1-11)

"Não É Bom O Que Fazes" 94
Jetro versus Moisés (Êxodo 18.13-27)

"Uma Oportunidade Para Explicar"..................................... 105
Deus versus Adão e Eva (Gênesis 3.8-13)

"É verdade?" 107
Pedro versus Ananias e Safira (Atos 5.1-11)

"O Perigo de Fazer Suposições"... 108
Israel versus Israel (Josué 22.9-34)

"Concordar em Discordar".. 115
Paulo e Barnabé (Atos 15.36-41)

"Não Serei Tolo Duas Vezes" 128
Jefté versus Seus Irmãos Impenitentes (Juízes 11.1-11)

"Comprando o Perdão" 132
Jacó versus Esaú (Gênesis 27.41-45; 33.1-11)

"Deixando a Vingança para Deus" 135
José versus Seus Irmãos Arrependidos (Gênesis 50.15-21)

Gostou?

Você foi abençoado por este livro? A leitura desta profunda obra foi uma experiência rica e impactante em sua vida espiritual?

O fundador da Editora Atos, que publicou este exemplar que você tem nas mãos, o Pastor Gary Haynes, também fundou um ministério chamado *Movimento dos Discípulos*. Esse ministério existe com a visão de chamar a igreja de volta aos princípios do Novo Testamento. Cremos que podemos viver em nossos dias o mesmo mover do Espírito Santo que está mencioado no livro de Atos.

Para isso acontecer, precisamos de um retorno à autoridade da Palavra como única autoridade espiritual em nossas vidas. Temos que abraçar de novo o mantra *Sola Escriptura*, onde tradições eclesiásticas e doutrinas dos homens não têm lugar em nosso meio.

Há pessoas em todo lugar com fome de voltarmos a conhecer a autenticidade da Palavra, sermos verdadeiros discípulos de Jesus, legítimos templos do Espírito Santo, e a vermos o amor ágape, como uma família genuína. E essas pessoas estão sendo impactadas pelo *Movimento dos Discípulos*.

Se esses assuntos tocam seu coração, convidamos você a conhecer o portal que fizemos com um tesouro de recursos espirituais marcantes.

Nesse portal há muitos recursos para ajudá-lo a crescer como um discípulo de Jesus, como a TV Discípulo, com muitos vídeos sobre tópicos importantes para a sua vida.

Além disso, há artigos, blogs, área de notícias, uma central de cursos e de ensino, e a Loja dos Discípulos, onde você poderá adquirir outros livros de grandes autores. Além do mais, você poderá engajar com muitas outras pessoas, que têm fome e sede de verem um grande mover de Deus em nossos dias.

Conheça já o portal do Movimento dos Discípulos!

www.osdiscipulos.org.br